日本的悲剧

（上）

［日］和辻哲郎 著

郎洁 译

李若愚 审校

漓江出版社·桂林

目 录

导读

　　承蒙漓江出版社彭毅文女史厚爱，小生有幸成为《锁国：日本的悲剧》中译本最早的读者。其连锁反应便是不经意间言及的心得体会竟然又为我带来一项新的任务 —— 为本书作序，看来古人"言必虑其所终"的智慧在今天仍然适用。《锁国：日本的悲剧》原本没有再增加序言的必要，因为原书已经有了两篇序言性质的文字，且对于本书来说，作者的"序"与"序说"是极为重要的开宗明义之语。小文所谈更近于阅读前对背景知识的介绍。

　　按照图书上架分类，本书大概会被列为日本史，我想绝大多数读者也将抱有这样的期待展卷。不过请允许我做一小小剧透，怀着上述心情的读者一定会为和辻哲郎"跑题"的能力震惊，本书前篇几乎是一部"大航海时代史"。正如其标题"全球性视野的形成过程"所示，地理意义上的"日本"甚至不是本册的主题。作者之所以如此谋篇布局，其苦心孤诣便在于序说里流露出的问题意识，"近代初期新科学兴起，欧美人用了三百年的岁月将此科学的精神渗透到生活的各个角落；然而日本民族呢，新科学兴起不久即封锁国门"。"离题万里"的回顾昭示了"近代"需要漫长的"前史"奠基，和辻哲郎笔下所未写的恰恰就是日本"近代"的先天缺陷。

倘若据此将本书视为"西方史"的著作，对本书来说更有失偏颇。和辻哲郎是日本学界公认的思想家，但专家并不是万能的。他在序中坦陈自己"不懂葡萄牙语和西班牙语"、"构成本书内容的各个事项已分别得到各自领域的专家阐明，笔者没有任何新的发现"。以今日的学术眼光来看，围绕"大航海时代史"这一主题，本书充其量只是一部基于二手资料完成的通俗读物。况且该书出版于1950年，这之后的74年间史学界不断有新作问世，大费周章地将之译介到中国岂非是另一重意义上落后于时代的"锁国愚行"。

在学术界，有两种作品最易受人关注：第一种是新作，第二种是经典。依笔者管见，本书便属于第二种情况。该书付梓之时虽然不曾洛阳纸贵，旋即成为日本学界讨论的对象却也是不争的事实。国内专治日本"思想开国史"的巨擘南开大学赵德宇教授所著《日本近世与近代文化史论》在分析锁国体制时引用本书以为佐证，足见其学术价值是得到中日学界公认的。

因为常被列为考题，克罗齐的"一切真历史都是当代史"早已为历史圈外的读者群体所知晓。各位尊敬的读者大可以用自己头脑中的这一观念来理解本书，而不必再费心力额外寻找理论武器。其实《锁国：日本的悲剧》一书的意义并不在于事实层面对

"锁国"史实的梳理，而是在于还原了和辻哲郎所处的"当代"对于"锁国"历史的反思。这一点作者同样在序中予以了提示："本书是对近代初期以来的世界局势下日本的状况、处境的考察……也包含了在考察我国当前的形势时值得思考的许多问题。"所谓"当前"自然是日本战后转型期的关键节点1945年—1950年间。

侵略战争的最终失败不仅迫使日本在政治经济体制上面临转型，在思想领域日本人也要洗心革面，和辻哲郎亦不例外。和辻哲郎以对尼采和克尔凯郭尔的研究起家，治学方法论的根基是西方哲学，但他的心却系于东洋。1919年出版的《古寺巡礼》表明了和辻哲郎在趣味上向东方的回归，1935年出版的《风土》则更进一步提出日本特有的风土环境孕育出绝世而独立的奇葩——日本文化。上述两本著作都有非常精彩的中译本，在某种意义上也可作为读者审读理解本书的材料。

不过之后的历史进程却表明，"独特性"并不能推导出"正当性"，日本要继续健康前行就必须根除身上的恶疾。究竟是哪里出了问题，是曾被自己盛赞的日本独有之风土吗？那无疑是和辻哲郎所不能接受的。苦思良久，他终于在《锁国：日本的悲剧》中给出了答案。日本的风土还是那么美好，其所孕育的日本文化也并非日本近代化的阻碍。这与丸山真男得出的日本思想中原本就存在着"近代"的可能性异曲同工。足见《锁国：日本的悲剧》与其说是一家之言，不如说代表了日本战后知识分子的总体性反思。对于急于反思战争教训的那一代日本学者而言，日本不能错。

如果错的是日本，日本再度出发的一切基础都将被解消。如此，错的就只能是人了，毕竟人的个体难免是要犯错误的。所以《锁国：日本的悲剧》如推理小说般，在全书最后一章末尾为时人找到了真凶："德川家康是这一保守运动的切实的执行者，他为此复兴了一度被破坏了的传统 …… 对于在世界上确立日本民族的地位这一目的来说，却是最不幸的方法。他也是为了确保国内的统治而置国际关系于不顾的军人之一。"保守的军人打断了日本的近代化进程进而造成日本历史的窘境，这恐怕也是和辻哲郎对日本明治维新以来"当代史"的总结。

和辻哲郎带有预设前提的反省显然不够客观全面，但其传达了"时代之声"这一点却是《锁国：日本的悲剧》能被称作经典的根本。本书中的"时代之声"正可以成为我们了解乃至批判昭和期日本知识分子认识局限性的重要材料。并且对于这样一部跳脱区域国别观念的限缩，借助思想脉络将东西方联通在一起的著作，以全球史的眼光加以重新审视，同样不难发现其闪光之处。倘若仅仅希望从书中获取知识的片段，那便有些近于买椟还珠了。

文末，还有一肺腑之言不得不讲。虽然忝列监修，但我对本书的贡献仅限于一些微不足道的建议。我自己也经历过为译稿推敲文字之苦，因而一直把充分尊重译者作为审读的原则。更何况我也深信，与陷入故纸堆少闻窗外之事的我相比，有着更多翻译实践的翻译家笔下的文字必定更能引人入胜。比如书中多次出现的"近代初期"，抱有"Early Modern"先入观念的我恐怕会将其译为史学界惯用的"近代早期"，这样的术语可能反而不利于读者理解原书的真意。其实我在学生时代就接触过《锁国：日本的悲剧》，书中涉及到大量日本史之外的概念，当时便令我颇为头疼。时至今日，要翻译这样一部学术经典我仍然是力有未逮。日前拜读译稿后，译者的译笔让我豁然开朗。谨此，向促成了中译本出版的各位同好致敬，期待本书早日与读者见面。

李若愚 谨识

2024.3.19

序

　　本书是对近代初期世界局势下日本的状况、处境的一个考察。作者选择了"锁国"一词作为最能反映这一处境的特征的词语，此"锁国"指的是"锁国之行动"，而非"被锁之国的状态"。后者是前者结果的一个呈现，也包含了在考察我国当前形势时值得参考的许多问题，但后者需要另文阐述。

　　构成本书内容的各个事项已分别得到各自领域的专家阐明，笔者并没有任何新的发现，但是如本书一般，将这众多的事项关联起来并对之作一个统一的概览，或许是一种新的尝试。笔者在对日本伦理思想史进行研究的过程中，深刻认识到对历史作这样一个概览的必要性，并不断地寻找这样的著述，却一无所获。正好，在战时，笔者在东京大学文学部自己的研究室中组织建立了从原点出发对"近代"重新进行思考的研究会，与十位同仁一起分工对西洋与东洋进行了多方考察，在此期间，笔者有了一个大致的推论。在这个过程中，西洋部分从山中谦二教授、金子武藏教授、矢嶋羊吉教授，日本部分从古川哲史教授、笕泰彦教授，日本天主教部分从胜部真长教授处获益颇多。上述各位同僚身处大空袭之下的东京，或家宅烧毁，或忍饥挨饿，但仍共同努力，使此探索之明灯微光不绝，在此我要向他们表示深深的感谢。

　　本书前篇的资料，笔者所使用的不过是哈克卢特学会（Hakluyt Society）的丛书之类。研究领域不同的笔者喜欢上这套丛书，也算是机缘巧合。想来大概是昭和十一、十二年的时候吧，丸善书店前来推销阿科斯塔的《西印度自然与道德史》（*The Natural and Moral History of the Indies*），是爱德华·格里姆斯顿（Edward Grimston）的英译本，出版于一六〇四年。当时的市场价大概是一百日元吧。但是对于一年图书费只有三百日元的研究室来说，购买这一书籍需要慎之又慎。而且笔者当时对阿科斯塔一无所知，自然也无从判断此书的价值。于是笔者先试着把该书大致上看了一下。结果，可能是因为不抱任何期待的原因吧，这次阅读是一次让人近乎震惊的体验。不过，之后为了购买此书，笔者让人对该书做了调查以避免重复购买，结果发现图书馆中早已配备此书的英译本。那是一套哈克卢特丛书的复刻本，由此，笔者始知哈克卢特丛书的存在。在第一期出版的一百册中，笔者已经发现了许多颇有意思之处。图书馆中所藏的是大正年间大地震后英国所捐赠之物，故一百册中只有四十四五册，但这些都是近代初期的航海家、探险家们的记录，因阿科斯塔的书而产生了兴趣的笔者不时会翻阅一下这些记录。

后篇资料中所使用的主要是村上直次郎博士所翻译的耶稣会会士的相关书简。《耶稣会年报》第一册（"长崎丛书"第二卷，大正十五年），《耶稣会士日本通信》上、下两卷（"异国丛书"，昭和二、三年），《耶稣会士日本通信丰后篇》上、下两卷（"续异国丛书"，昭和十一年），《耶稣会日本年报》第一辑（昭和十八年）、第二辑（昭和十九年）等，已经出版的刊物达七卷。与前文提到的哈克卢特丛书的英译本相当，这部分有村上博士的日译本。对于不懂葡萄牙语与西班牙语的笔者来说，这是唯一可以接近原材料的手段。除此之外，也用到了笔者的友人——已故的太田正雄君根据意大利语的译本转译的弗洛伊斯的年报（《日本吉利支丹史钞》所辑）。为了某种程度上弥补不能直接接触原始资料的遗憾，笔者对照上文提到的传教士们的书简，阅读了诸家学者对日本天主教史的研究成果，由此对天主教史研究者的研究方法有了多方面的了解。在这些研究书籍中，笔者从海老泽有道先生的《切支丹史的研究》（昭和十七年）及《切支丹典籍丛考》（昭和十八年）中获益尤多。

笔者在前篇与后篇中所阐述的各个事项皆担不起"研究"二字，但是通过将这些事项相互关联来概括地观察其所具有的整体性意义，这对笔者来说是一个相当困难的工程。若能通过这一工作使日本天主教史的诸事象以及战国时代乃至安土桃山时代日本人的精神状况得到定位，那么在一定程度上能帮助我们反省日本人以及日本文化的命运吧。

昭和二十五年二月十一日　笔者

序说

　　太平洋战争失败后，日本民族颜面扫地。当此之际，强调日本民族的劣根性实非笔者所欲。人无完人，再优秀的人也有其缺点和弱点。当人们用空泛之言来夸示日本民族的优越性之时，是最需要指出其缺点的时候，而现在，反而应该是引导人们冷静地认识日本民族优秀的一面，给处于逆境中的这个民族一些鼓励的时候。

　　但是，人们在不得不认清自己的缺点或弱点时，不应一骂了之，而应试着对缺点和弱点进行深刻的反省，准确把握自己的不足之处，这也是克服缺点必须要做的工作。日本民族的这个缺点，一言以蔽之，就是缺少科学的精神。一群轻视合理思考、思想狭隘、狂热盲信的人将日本民族带入了现在的悲惨境地。但是，这样的事情之所以能发生，其背后的深层原因正是只相信直观的事实而不重视通过推理能力来理解事物的民族性。我们这个民族有这样的习惯：即使是已通过推理力被确认了的事理，也会觉得若非亲身体会就无法理解。这种恶习正是最可悲的狂热信仰蔓延的温床，各种各样的缺点亦由此滋生。

然而这一缺点不是一朝一夕形成的。近代初期新科学兴起，欧美人用了三百年的岁月将此科学的精神渗透到生活的各个角落；然而日本民族呢，新科学兴起不久即封锁国门，之后的二百五十年间以国家的权力抑制这一近代精神所产生的影响，两者之间有着非常大的差异。而这二百五十年间的科学发展在世界史上是前所未有的，因此不得不说两者间的这一差异就更为深刻了。这不是靠急剧引进科技发展的成果就能勉强填补的。因此，甚至会出现这样一种奇怪的现象：最新的科学成果的利用者同时也是最可悲的狂热信徒。

这样看来，认清这一缺点，充分理解何为锁国，是很必要的。这是一个历史学的问题，但是历史学家没有为我们释疑解惑，他们正致力于研究锁国期间日本创造的举世罕见的封闭性文化。这一时期为我们留下了各种美丽的、非凡的、独一无二充满个性的东西，对之进行研究的确是很有意义的工作，但我们也必须清楚，得到这些东西的代价是：我们失去的东西不计其数。本文将就锁国这一历史问题进行论述。

但是，在切入这个问题之前，我想先对近代开始之前，也就是锁国之举成为问题之前的世界历史形势做一个概述。锁国之所以成为问题，是因为世界性交通的开启，世界一体化的趋势已经初现端倪。而锁国则是对世界一体化趋势的一种抗拒的态度。在锁国成为问题以前的时代，世界分为好多个（互相孤立的）世界，欧洲的世界在其中并非特别先进。但是因为近代的运动始于欧洲，本文就先从那儿开始吧。

罗马帝国统一环地中海诸地方政权、成为当时欧洲人眼中的世界帝国之时，这些地方所有的古代史亦汇总于此。这不管是在地理意义上还是在历史意义上都意味着东方与西方的交融。在罗马这个普遍的世界中，形成了普遍的政治、法律、文艺与宗教。这一普遍性中不包括印度的世界和中国的世界，因此也不是真正意义上的普遍性，但是罗马对罗马人来说是包括东方和西方的世界，对于生活在其中的各个民族来说，无疑是有普遍性的。而由此把握的普遍性理念，对其后分裂的民族国家与对立的世界总是有着指向人伦精神的更高阶段的作用。

这个普遍的世界的崩溃由两个原因引起。一个原因是日耳曼人的入侵，另一个原因是阿拉伯人的征服运动。

日耳曼人对罗马帝国的渗透是长期进行的。初时，一部分人以佣兵的身份进入罗马帝国，或者从北方的国境地带慢慢渗透。四世纪末欧洲发生的民族大迁徙中，日耳曼人如潮水般大举涌入罗马帝国境内。他们中有的是拖家带口，携带生活资材的民族集团，这些民族集团同时也是军队，但与其说他们征服了罗马帝国，不如说他们是进入帝国版图内的宿营者。他们与当地的居民达成协议，根据罗马晚期实行的宿营制度持有三分之一乃至三分之二的土地，罗马人的权利和制度因此得以保留，行政上除了日耳曼人的参与外，其他都保持原样。这意味着同一片土地上的两种生活方式的并存：日耳曼人是军人，属阿里乌斯教派，遵从自己的部落法；罗马人是非战斗人员，信天主教，遵从罗马法。就这样，这些日耳曼人在世界帝国的内部得到了新的土地，但他们并没有建立新国家的打算。比如，遍布意大利到西班牙的哥特人和留下了勃艮第这个地名的勃艮第族即是很好的例子。此外，也有以原居住地为根据地向帝国版图内殖民扩张的民族。他们的做法就不是与罗马人共存，而是对罗马人的征服了。比如后来建立了法国国家基础的法兰克族就是一个例子。至于后来建立了英国国家基础的盎格鲁撒克逊族则被认为是把罗马的习俗全部破坏殆尽了。

通过这两种方法，日耳曼人从五世纪到六世纪纷纷涌入罗马帝国。在此期间，发生了诸如匈人首领阿提拉王率族西征、日耳曼佣兵首领奥多亚克灭亡西罗马（476）、东哥特族的狄奥多里克讨伐奥多亚克、伦巴第族占领意大利等事件，罗马帝国的西欧地区彻底覆灭。

而日耳曼诸族的入侵此后还持续了几个世纪。从罗马帝国的一片废墟到西欧的文化世界的明确形成，还需要三百年的岁月和另一个有力的契机：阿拉伯人的入侵。

对罗马帝国版图的侵食，阿拉伯人更甚于日耳曼人。他们从东方、南方、西方三个方向入侵罗马帝国。东方的入侵始于穆罕默德（570—632）。穆罕默德给闪族人普遍相信的安拉（Allah，hebr. Elohim）信仰注入了新鲜的活力：将犹太教和基督教的要素引入教义，由此创立了一个新的民族宗教，因其强调对唯一的神的绝对服从的态度而被称为伊斯兰（Islam），一个信者（穆斯林）以预言者及其后继者（哈里发）为首长（伊玛目）的稳定的宗教共同体形成了。宗教热情转化为想通过战争实现扩张的强烈欲望，他们极其迅速地在西方与罗马帝国、东方与波斯国开启了战端，在先知穆罕默德死后十年内，已经征服了包括整个西亚与埃及在内，直到的黎波里塔尼亚的广大区域。亚历山大大帝创建的"一个世界"至此分崩离析，统一了东方和西方的罗马帝国也失去了帝国的东部领土。

这个以惊人速度建立起来的具有宗教性的、好战的世界帝国，它能成为世界性帝国的理由却也是它不得不经历种种变质与反动的原因。倭马亚王朝（661—750）推翻了哈里发的权威，建立了纯粹的世俗政权，并将首都从麦地那迁到了大马士革。此举引发了伊斯兰内部的持续分裂，但帝国的征服大业依然在进行中。东方，他们到达了中亚与北印度；在西方，七世纪末的时候进入了非洲北岸，直达直布罗陀海峡。对欧洲，他们先是发动了对君士坦丁堡的进攻，八世纪初他们入侵西班牙，击败西哥特人（711），征服了整个伊比利亚半岛，进而翻越比利牛斯山脉（720），进入法国中部地区，后被法兰克人击退（732），而伊斯兰对西班牙的统治此后持续了很长时间。与此同时，阿拉伯人也掌握了地中海的海上霸权。他们侵略、占领了地中海沿岸的各个地方与岛屿，其中最有名的是对西西里岛的征服（827）。来自"东方"的力量就这样逼近了"西方"世界的心脏部位。

所以说阿拉伯人的入侵是西欧文化世界得以形成的必要条件，指的就是这种"东方"与"西方"之间的对立。西欧世界的形成，正需要来自"东方"的压力。入侵罗马帝国的日耳曼诸族之间初现统一的萌芽，第一次强有力地建立了国家，正是从上文所述的查理·马特在法国中部击溃了阿拉伯人入侵的时候开始的。但是更重要的是，这种压力不仅仅是武力上的压迫。与当时在文化上还处于应被称为野蛮阶段的日耳曼诸族相比，以西班牙为前沿的伊斯兰文化已经到达更高的阶段，这一点我们不应忽视。

　　一般认为，日耳曼诸族直到十一世纪还处于野蛮阶段。他们破坏罗马的制度、文化，自己却没有任何创新。因此他们入侵罗马后的数个世纪内，世界史上值得一书的事情，其实多数是苦于其入侵的罗马人所为。其中最值得注目的是罗马加紧推行教会统一之举措及其过程。本来基督教在罗马帝国被正式承认并被尊为国教，是日耳曼人入侵前不久的事情。将帝国的首都东迁的君士坦丁大帝为了他的统一大业，利用了基督教徒的势力，其结果是三一三年承认基督教为合法的宗教。这是民族大迁徙开始前六十年的事情。因为君士坦丁大帝本人也成为了信徒，因此一直遭受迫害的基督教一跃而居至罗马原有的各个宗教之上，但是四世纪时基督教仍然处于与异教的各种对立抗争之中。狄奥多西大帝禁止除基督教以外的其他宗教大约是在三九五年，当时民族大迁徙开始已经二十年了。称得上是天主教会最伟大的天才的奥古斯丁正是活跃在日耳曼人入侵的时期，史上有名的"奥古斯丁的忏悔"

发生在三八六年。四一〇年，因亚拉里克劫掠罗马，整个帝国狼狈不堪，群情激奋，奥古斯丁的名著《上帝之城》正是创作于这样的形势之下。为了从危机中拯救帝国与教会，他从四一三年开始写作此书。他写书的直接目的是为了反驳保守的罗马人异教徒把帝国的危机归罪于基督教的言论，但他以预言者的眼光预见了一个超越了罗马帝国崩坏与现世变迁的永恒的神国之姿，预示了一个必将到来的时代。也就是说，对他来说，与帝国境内异教徒的斗争和从境外侵入的日耳曼异教徒的斗争是关联的。《上帝之城》于四二七年完成，著述时间长达十五年。之后不到三年，汪达尔族大军逼近他所居住的北非城市希波，四三〇年，奥古斯丁死于敌军围城期间。与异教徒的斗争使得教会变得越来越坚韧，西罗马帝国灭亡（476）后，精神层面的世界帝国的理念反而逐渐形成，特别是法兰克国王克洛维的改宗更是加速了这一趋势。本来罗马的主教与各地方的主教一样被称为Papa，除了其所处之地为帝国的首都以外，没有任何其他的优势地位。而罗马的主教独占Papa这一尊称和宗座的资格，Papa这一称呼具有它后来被译为的"法王"或"教皇"这样的含义，则是这个时代以后的事情。罗马教会地位的上升与罗马文明的衰退，两者存在反向关系。在六世纪，还能保持学术与艺术传统的，只有当时作为世俗世界中已变得无力的知识分子的隐遁所而出现的修道院。从这儿出来的格里高利一世（590—604在位）据说成功地教化了盎格鲁撒克逊等多个日耳曼部族，将它们拉入了天主教会，他也使罗马的主教成为最高的主教，受到万民景仰。基督教真正扎根于日耳曼诸族还是三百年之后的事情，但是在日耳曼人以武力实现了统治的现实的西欧世界里，文化上实现了稳定发展的，正是罗马教会。

而在教会对异教徒的教化事业的进行中，帝国西部北非至西班牙的领土尽为穆斯林所征服，文化之花亦在那儿先于西欧其他地方逐次开放。这开始于巴格达的阿巴斯王朝取代大马士革的倭马亚王朝之际。伊斯兰在占领罗马的东方行省时，积极地吸收了当地残留的希腊文化。在叙利亚地区，被基督教压制而几乎处于窒息状态的希腊文明的精神也因伊斯兰而得到解放，重新焕发出强大的生命力。此外，伊朗和印度的文化圈也开始与西方产生了紧密的联系。到九世纪时，伊斯兰帝国分裂，这对文化的繁荣是一件好事，因为有很多主要城市为学术、学校、图书馆、天文台等的成长提供保护与支持。首先，在巴格达和巴士拉出现了最早的大学。东部的伊朗尼沙普然、梅尔夫、巴尔赫、布哈拉、撒马尔罕、伽色尼等地也开始繁荣，此外还有伊斯法罕、大马士革、阿勒颇、开罗等地。在这样大范围的文化交流背景下，十世纪至十二世纪，在西班牙的科尔多瓦、塞维利亚、格拉纳达，及西西里岛的巴勒莫这些地方，文化达到了顶峰。据说，西班牙境内的大学有十七所。

在这样的形势下，阿拉伯哲学先西欧一步得到发展，其哲学基础以亚里士多德的思想为主，又通过新柏拉图学派接受了柏拉图思想的影响。阿拉伯哲学的创始者，直接被称为"哲学者"的肯迪，同时也是数学家、医学家、天文学家，他于八世纪末出生于巴士拉，八七三年死于巴格达。他是一位理性主义者，也是一位自由思想家，据说他因此遭受了很多迫害。他所著的亚里士多德《工具论》的注释等三十四种哲学著作大多已散失。在他之后出现的法拉比出生于九世纪后期突厥斯坦的法拉布。法拉比早年来到巴格达学习阿拉伯语与希腊哲学，不久自己开始开讲授课。法拉比九五〇年殁于大马士革，其一生所著多达百余种。以上的著作大多已散失，万幸有关《工具论》的注释尚存。他最为人称道的功绩是对希腊哲学，特别是逻辑学的深入理解。他的解释受到新柏拉图学派的影响，包括基督教亚里士多德主义者在内的后世学者都以他的解释为根据。继承了其学说的是在伊斯法罕教授医学和哲学的阿维森纳（980—1037）。阿维森纳的学说从法拉比的立场出发，归结于亚里士多德的学说。他认为，作为个别化原理的质料，不来自于神，其本身是永恒存在的，包含了所有的可能性。他试图以这一思想贯穿他所有的学说。他的逻辑学、形而上学等著述大多在十二世纪已经被翻译成拉丁文，这说明哲学在西班牙也已开始盛行，而在那儿出现的第一位阿拉伯哲学家是阿芬帕斯（1138年殁），他亦精通医学、数学、天文学，著有对亚里士多德著作的注释等，据说他因为自由思想而遭到了迫害。他主张精神的发展要实现从本能到神的理性认识。稍后出现的伊本·图费勒（1185年殁）亦为哲学家兼医学家、数学家，他亦主张人的精神不借助天启，而借助自身的自然成长来达到对自然与

序说

神的认识阶段。与他同一个时代，史上赫赫有名的科尔多瓦的阿威罗伊（1126 — 1198）作为他的晚辈登上历史舞台。他非常推崇亚里士多德，赞美他是人类智慧的集大成者，是神赐予我们的、传授一切可知的知识之人。因此他的工作也是以注释亚里士多德的作品为主，其著述大部分现仅以拉丁语译文的形式为人所知。他将阿维森纳重视质料的立场进一步深化，主张形式是以萌芽的状态存在于质料之中，并在更高的形式的影响下发展变化的。另外，对于亚里士多德提出的理性的受动面一说，他提出了自己的主张。他力主普遍的理性有两面：能动的理性与质料的理性，而即使是质料的理性，也不是被动的。他主张普遍且能动的理性，就每个人而言，存世时为其精神，离世后就回归其本来的普遍性，因此，毫无疑问，个人的灵魂是不灭的。因此，他的学说被认为有泛神论的特点。

这些阿拉伯哲学对西欧中世纪的哲学有着莫大的影响，它促成了经院哲学的兴起。这一点从阿维森纳与阿威罗伊的著述与托马斯·阿奎那之间的密切关联中也能窥见一二。不过，这在后来成为了问题。

不仅是哲学，九世纪以来，阿拉伯人也热衷于数学、物理学、化学、医学、地理学、天文学等学科，以及历史学、语言学等领域的钻研。数学按照希腊的传统被视为哲学的一部分，现在的阿拉伯数字、代数学等也是通过阿拉伯人传播到西欧的。而伴随着伊斯兰版图的扩大与贸易的兴盛，阿拉伯的地理学知识亦领先于中世纪的任何其他民族。而历史学方面，十世纪以后，阿拉伯即已开始撰写普遍史。

此外，在文艺美术方面以及农工商等所有这些领域中，我们都能找到很多优秀之处，阿拉伯人虽不能与希腊人比肩，但是比同时代的西欧各民族要先进得多。特别是在商业这一他们特别擅长的领域。他们借助航海之力独占了印度洋与地中海的控制权，掌握了所有连接东西方的海陆贸易通道，因此垄断了生活在里斯本到印度以及中国之间这一广阔区域里所有民族之间的贸易，从中获得了巨大的财富。

与这一绚烂的"东方"文化相比，日耳曼诸民族的"西方"文化是什么样的呢？如前文所述，罗马的教会在宗教上继承了世界帝国的理念，并开始实现西欧在精神层面上的统一。但在阿拉伯人初建哲学体系的八、九世纪，教会的思想尚未控制日耳曼人的人心。八世纪初盎格鲁撒克逊的叙事诗《贝奥武夫》，九世纪撒克逊的《救世主》（Heliand）之类的古德意志文学中，依然充满了异教的精神。教会的教条对日耳曼人毫无作用。在此期间，虽然出现了像司各特·爱留根纳（877年殁）这样的西欧最早的独立思想家，但是这样的学者并不被其时代所理解，并遭到了教会的排斥。

但是到了十世纪初，日耳曼人也逐渐开始理解基督教了。这表现为修道院的改革运动与神秘学说的兴起。而与此同时，法拉比正在巴格达讲授逻辑学。很快到了十一世纪，巴黎出现了第一所大学，以此为范本，十二世纪以后，西欧各地开始兴建大学，这些大学开始只是像行会一样的教师团体的组织，后来则成为公立机构。而这时，东方出现了阿维森纳，西班牙则在讲授亚里士多德的学说。在西欧，坎特伯雷的安瑟伦（1033—1109）开启了经院哲学，基督教因此开始为世人所理解，而同时，世界史上最值得关注的事件之一——十字军（1095以后）东征开始了。西欧文化世界的形成与十字军东征是密不可分的。十字军东征正是"东方"与"西方"对立的鲜明表现。

要理解这一现象就有必要对已经渗入日耳曼各民族日常生活的"战斗性因素"在罗马教会教化下的变化过程进行观察。日耳曼人本来都拥有同一个平等的身份，即自由的、防卫的农民（至十二世纪，北方诸国依然如此）。然而在日耳曼人入侵罗马的时代，出现了王与有实力的首领以及他们的随从(vassal)等，之后农民大众成为非战斗人员，与追随王侯们的战士分离，再加上十世纪后，主君与其战士都开始生活在城堡（Burg）里，而封地的世袭制则使小家臣们的经济、社会地位得到了很大提升，并且一些没有自由的家臣以俸禄形式收到的领地也成了真正的领地。因此种种，出身有别的观念变得淡薄，骑乘作为他们生活中的共同部分日益引人注目。这样一来，没有自由的亲兵和家臣的地位反而凌驾于自由农民之上，接近公侯、骑士的贵族阶级，与此相反，以缴纳赋税取代了骑马服役工作的自由农民则沦落到从属地位。这一身份的对立战胜了氏族的对立。骑士们蔑视并仇视农民，军队成了专门的骑士军队。就这样，封建制度催生了一个暴力的、爱冒险的职业军人阶级。

在这个封建制度逐渐形成的时期，上文中提到的战士们在罗马教会指挥下与入侵西班牙的阿拉伯人进行了对抗。西班牙是绚烂的东方文化伸入西方的前沿地带，这块土地上的阿拉伯人开始时对当地居民极为宽容，无论是财产上还是语言、宗教上都没有对他们进行干涉，下层阶级在阿拉伯人的统治下反而生活安乐，而上层社会的人虽然很多皈依了伊斯兰，但没有改变信仰的基督教信徒也只要付税就能保留信仰和法律上的权利。正是在这样的情况下，当东方被推翻的倭马亚王朝后裔逃来此地时，民众以欢呼声迎接了他们。他们以科尔多瓦为首都建国（755），国家奖励学术研究，保护农工商的稳定发展，因此，文化得到稳步发展，至十世纪达到顶峰。现在还有很多繁华的城市点缀在这块国土上。据称伊斯兰教统治下的西班牙全国人口达到两千五百万，其中科尔多瓦人口有五十万，有十一万三千户人家，有三千座清真寺与华丽的宫殿。而格拉纳达、塞维利亚、托莱多等城市亦能与其比肩。以这些城市为首，地方的各个城市中也都开办了大学、图书馆、学院等。面对这样一个有着灿烂文化的萨拉森王国，保卫西欧的日耳曼族，除了第一次萨拉森人入侵时在西班牙的北岸地带抵挡住阿拉伯人的西哥特族建立的阿斯图里亚斯外，主要在比利牛斯山脉的山脚处建立了一些基督教小国家，比如纳瓦拉、阿拉贡、加泰罗尼亚等国。受阿拉伯人宽容政策的感化，最初宗教间的对立并不十分激烈，或有国王是基督教信徒，其母亲却是萨拉森人，或公侯是基督教信徒，其女儿却嫁给萨拉森人为妻等，这样的事情并不少见。哈里发的部下有基督教徒，基督教国王的麾下也有伊斯兰教徒。民众对十字架与半月之战漠不关心，他们更愿意将之视为收复失地运动，而通过战争使封建制度得到发展这件事看上去更为重要。日耳曼族的战士们斗志昂扬，奋力作战，努力要从文化上优越于自己的民族手中夺回先祖之地。就这样，从十世纪到十一世纪，阿斯图里亚斯版图扩展到了西班牙的中部地区，被称为"卡斯提尔"。十一世纪中叶，卡斯提尔国王[1]在西班牙称帝。

罗马的教会一直致力于使人们相信这是一场信仰之战。他们的努力奏效了。在十一世纪末，与"东方"之间的战争以十字军东征这一方式得以实现。差不多与此同时，十二世纪，萨拉森人阵营中狂热的信仰保卫倾向亦增强，西班牙成为这场激烈战斗的战场。西欧中世纪的骑士道正是在这种十字军精神上得以发扬光大，而其最初形成于与阿拉伯人的接触中。骑士道的发祥之地为法国南部，但据称其本源在波斯。骑士的习俗、格斗之法、封建骑士制度都起源于波斯，而由阿拉伯人传播到西欧。本来，伴随着日耳曼人主从关系的是男人之间的信义、战场上的功勋这样的理想，而骑士道在此之外还增加了守护信仰、保护弱者、尊重妇

---

[1] 卡斯提尔国王，阿方索六世，从1077年开始，他自称为"全西班牙皇帝"。——审校注

女等义务。西班牙的骑士现在站在其最顶端。国民的自负、狂热、骑士精神，这些都具有卡斯提尔[1]的特质，其与数世纪之后西班牙人与葡萄牙人（十二世纪时从卡斯提尔独立）站在西欧人走向世界的最前端也有着密切的关系。

由上述内容可知，日耳曼各族好斗的性格以骑士的姿态出现，这并不是教会的教化所致，但是，这样的骑士却作为信仰的守护者为教会而战。十字军正是其象征。十字军将西班牙骑士们长期以来的经历推广到了整个西欧。但是与西班牙的骑士是为收复被伊斯兰占领的国土而战不同，十字军东征不是为了收复被伊斯兰占领的罗马帝国的版图。与西班牙骑士后来开始将自己视为基督教的守护者相同，西欧的诸王亦将自己视为"效忠于基督教之王"，在教皇的指挥下，为夺回圣墓而发动军队，这就是十字军的由来。这是一个非常不可思议的现象。在萨拉森人和拜占庭人眼里尚是野蛮人的欧洲人，因为宗教的狂热而集结，其人数之多足以堵塞所有的大街小巷。他们蜂拥来到遥远的东方世界，甚至其中还有妇女儿童追随。这种狂信与献身精神的不可思议的结合使他们一时征服了耶路撒冷，并在那儿建设了一个王国。但是不久，随着伊斯兰国家中突厥的塞尔柱人开始统一国内，十字军所建立的国家也陷入危境，十字军的第二次东征与第三次东征也无

[1] 一般指卡斯蒂利亚王国（西班牙语：Reino de Castilla；英语：Kingdom of Castile）（1035—1837），伊比利亚半岛中部卡斯蒂利亚地区封建王国。由西班牙西北部的老卡斯蒂利亚和中部的新卡斯蒂利亚组成。它逐渐和周边王国融合，形成了西班牙王国。——译者注

功而返，巴勒斯坦再次沦陷。此后，为了收复巴勒斯坦，欧洲各国几次三番发动十字军东征，就这样，十字军东征前后持续了近一百六十年，但东征的目的并没有实现。

但是十字军东征对西欧的形成却有着重要的意义，那就是在欧洲人的心中种下了西欧是一个统一世界的自觉意识。而这一自觉意识也使他们将"东方"视为与自己对立的世界，认为东方是是自己以外的世界，由此对东方产生了永久的欲望。而伴随着这一自觉意识的产生，教皇的权威凌驾于皇帝之上，也凌驾于整个西欧的基督教世界之上。至此，一个不同于罗马帝国的独特的西欧帝国显然已经形成了。

西欧中世纪的文化顶峰出现在十二三世纪，这也正是十字军活动的时期。骑士道的完成也正是在这一时期。而非常具有代表性意义的一个现象是，骑士团正是形成于巴勒斯坦和西班牙这样的与东方作战的最前线。骑士团是由骑士组成的僧团性组织，可以说是日耳曼人的战斗精神与宗教的谦抑性的结合。这样的骑士团不久便遍布整个西欧，他们收到了各界所捐赠的财产，数额惊人。由此可知，骑士道已成为通行于整个西欧的国际性准则。骑士道在文学艺术作品中得到表现也是在这个时期。受阿拉伯吟唱诗人的影响，先是在法国南部，"行吟诗人"开始兴起，普罗旺斯的抒情诗也迅速地传播到西班牙、意大利，成为法国北部与德国的抒情诗的典范。在法国北部，出现了结合圣杯传说的亚瑟王圆桌骑士传奇、以与萨拉森人的战斗为背景的《罗兰之歌》等英雄叙事诗，这些作品中十字军的观念可以说都表现得非常强烈。

在学问方面亦是如此。托马斯·阿奎那（约1227 — 1274）[1]，这位完善了教会的哲学体系，并作为天主教哲学家之楷模而为人所尊崇的人物，从他身上，我们可以看到非常激进的十字军态度。托马斯取亚里士多德发展的思想来构建教会的哲学体系，但是亚里士多德的大部头书籍至十二世纪为止一直不为西欧人所知，这些著述在西班牙重新由阿拉伯语被翻译成拉丁语，并与阿威罗伊注释的拉丁文翻译一起被介绍到西欧，是在十二世纪末。十三世纪时，以此为基础，一个解释亚里士多德学说的新学派成立，其特征是不承认个人灵魂的不死说，认为普遍的理性才是不灭的。教会一开始并不乐见对亚里士多德的研究，曾三次以上对之加以禁止。后来发现亚里士多德的体系与教会的信条可以结合起来，就试图对之加以吸收利用。托马斯·阿奎那是在这样的大势之下开始研究亚里士多德的，故不可避免会受到阿拉伯学者的影响。他的老师阿尔伯图斯·马格努斯（1193或1208 — 1280）学习阿维森纳注释亚里士多德的方法，努力想将亚里士多德的著述改写得简单易懂，而托马斯则学习阿威罗伊的方法，尽可能忠实地再现亚里士多德的原意来把握他的思想。对这一说法，也有不同的观点，有人认为他的注释方法是来自解释圣经的方法。但是，托马斯的亚里士多德研究最初是建立在阿拉伯哲学家的著作上的，

---

[1] 一般认为，托马斯·阿奎那出生于1224年或1225年。——译者注

这一点无可置疑。然而，托马斯对亚里士多德著述的注释，其特征在于对阿威罗伊的攻击。他认为阿威罗伊背离了亚里士多德的本意，其对亚里士多德的解读是错误的，因此将阿威罗伊的注释这一外壳从亚里士多德哲学中除去甚至成了他注释亚里士多德时的主要任务。对阿威罗伊的猛烈抨击首先出现在他的《反异教大全》(*Summa Contra Gentiles*) 中，这本书是为当时在西班牙的阿拉伯人与犹太人中传道的多明我会撰写的问难教科书，著此书时，托马斯已开始用翻译自希腊原典的拉丁文译本来研究亚里士多德的思想，他以之为据指出阿威罗伊对亚里士多德的注释之误。到了晚年，托马斯再度在巴黎执教，在与大学里阿威罗伊派的对立中，他对阿威罗伊的攻击愈加激烈。当时所著的《论独一理智：驳阿威罗伊主义者》(*De unitate intellectus contra Averroistas*, 1270) 既是为了对抗阿威罗伊主义，捍卫教会的教理，也是为了维护因为阿威罗伊派的解释而险被归为危险思想家的亚里士多德的真实形象。可以说最伟大的经院哲学家对亚里士多德的解释是在对阿威罗伊的战旗下进行的。从学问上击败阿威罗伊主义也是圣托马斯的功绩之一。在这儿，我们看到的是这样一个事实：教会的哲学家与伊斯兰的哲学家在争夺亚里士多德这样一个异教徒。这无非是"西方"要从"东方"手中夺回古代世界帝国的遗产之举，换言之，是与十字军相同的动机在精神世界中的体现。

如上所述，十字军的观念使西欧在教会的领导下作为一个统一的世界觉醒了，记录这一觉醒的最伟大的、纪念牌式的作品是但丁（1265—1321）的《神曲》。本来，这样的世界性古典作品——如《荷马史诗》、莎士比亚和歌德等人的作品亦是如此——都是被其创作时代和社会所继承的世界文化的一个综合表现。《神曲》也融合了希腊和罗马的古代文化与"东方"的文化以及中世纪时的西欧，特别是意大利的文化，将它们与教会的精神以一种非常独特的方法统一起来。构成《神曲》轮廓的三个部分——地狱、炼狱、天堂，诗中对这些地方的幻想夹杂了很多波斯一带的奇幻文学的内容，这与佛教中对地狱与极乐世界的幻想好似是同源的，这本身是一个非常有意思的研究课题。看到作者从教会的立场出发，将丰富的世界史材料的价值加以衡量，并分别纳入从地狱到九重天之间的高低有别的各个阶层中，我们在这首诗的幽玄之美外，也强烈地感受到了十字军式的偏激的精神。说《神曲》中神学结构的基础来自托马斯·阿奎那的体系，特别是《反异教大全》，这不是毫无理由的。托马斯无疑是中世纪最伟大的哲学家，但是，他与他的老师阿尔伯图斯·马格努斯等人满身荣耀，高居于天堂的五重天（火星天），而苏格拉底、柏拉图、阿维森纳、阿威罗伊则被贬入地狱，不得不说这思想过于狭隘了。同样，在耶路撒冷大肆屠杀、在法国南部大肆劫掠的十字军士兵们，却能化身璀璨之光闪耀在比托马斯还要高的七重天，而穆罕默德，作为东方的统一世界得以形成的力量之源，却因在人间制造分裂与相互残杀之罪，而被置于地狱深处最靠近第九层的地方，遭受口裂、心肠暴露之苦，不得不说这种出于党同伐异的思想过于偏颇。这样的评价体系，特别是关于西洋古代的部分，在文艺复兴时期完全被推翻了。

谈到十字军东征的影响，城市的蓬勃兴起和市民阶级的形成也是不得不提的。十世纪以来，纯粹的农民的自然农耕经济已开始解体，手工业和商业开始复兴。在尚保留了一些罗马时代城市遗影的南方，十世纪时，经济意义上的城市生活已拉开帷幕，十一世纪扩大到了北方。在那些地方，城市的居民——商人、手工业者、仆人、家臣等联合形成市民共同体，并获得了自治权，其范围包括从司法、警察等组织到护卫队的组建。这些自治的城市与教会和封建君主政权斗争，逐渐取得作为自由城市存立的权利，正是在十字军东征期间。因十字军东征而变得活跃的运输、交通与贸易活动必然会刺激城市的活动，并使其得到迅速发展。这在意大利的各个城市中尤为明显。威尼斯、阿马尔菲、那不勒斯等城市早在九世纪时就已经进入海洋，与阿拉伯人对抗，十一世纪时把阿拉伯人赶出了意大利诸岛。可以说他们是对东方进行反击的先驱者。十二世纪时比萨和热那亚亦进入海洋，投入与东方的贸易中。这些海上势力与十字军的结合，促成了海运城市的迅速崛起。佛罗伦萨和米兰等城市虽然不靠海，但它们的繁荣也是依靠贸易。意大利以外，马赛、巴塞罗那等作为海运城市兴起，到了十三世纪，以布鲁日、根特等为代表，在莱茵河畔和多瑙河上游、北海和波罗的海沿岸出现了很多城市。随着这些城市的繁荣，市民共同体内部的各种职业团体（行会、同业公会）日益发达，而在城市的外部，城市同盟亦颇为盛行。不久，到了十四、十五世纪，这些城市从内部的民主主义运动到城市外部的国际关系等，都出现了各种各样对近代国家的深刻思考，这么看，受到十字军东征的刺激而兴起的这些城市，才可以说是孕育了西欧近代化的母体。而这个母体在近代初期十五世纪时的情况是这样的：只有巴黎、那不勒斯、巴勒莫、威尼斯的人口在十万以上，罗马、佛罗伦萨、热那亚、布鲁日、根特、安特卫普等在五万到十万之间，吕贝克、科隆为五万，伦敦三万五千，纽伦堡人口为三万。

如上所述，在与"东方"的对立中形成了西欧的统一世界，对立促进了它的形成，却也正是这个理由，又使它不得不面对崩溃。前面说过，十字军是日耳曼民族的战斗精神通过教会理念表现出来的产物。通过它，教会的统治得到加强，而与此同时，这一战斗精神也必然会发展成一种更纯粹的形式。这是世俗国家生活的发展与自由人间生活的形成过程中一种无限追求的精神。而形成教会的统一所必需的精神封闭性，现在已成为对追求自由精神的一种束缚，这唤醒了人们想要将其打破的决心。现在必须动摇那种禁止一切自由的思想，以及将理性关进牢笼的基督教教义的统治。在教会的统治下被禁锢的社会组织、情感意志的自然活动被抑制的个人生活，现在必须被解放，这样，打破西欧的统一世界、解放人性的运动，以文艺复兴的方式爆发了，近代欧洲由此产生。

这一运动首先出现在十四世纪初教皇权对王权的败北中。想要利用十字军东征的经验用中央集权的方法来强国的法国国王成功地控制了教皇，并把教皇迁到了阿维尼翁。教皇凌驾西欧的权威至此被打倒，西欧作为一个统一体的历史至此亦宣告结束，取代它的民族统一已隐然可见。但是发展成为近代国家不是一朝一夕的事情，在经历了外部频繁爆发的国家之间的战争和内部反复出现的僧侣与贵族、城市之间的激烈斗争后，近代国家终于形成了。

在这一过程中，英国大宪章的制定是一个划时代的事件，但是大宪章的制定并没有马上平息国内的混乱。议会制度尚无力维持国内的秩序。而与教皇权同为中世纪象征的骑士阶级，则在濒于崩溃之际，露出了其最丑陋的一面。这是整个欧洲的普遍现象。骑士可以肆意冲出城堡抢劫旅人，贵族可以坐据城堡，不服从任何人的管制。在这一片混乱中，勉强可以维持秩序的，是作为新兴势力登场的城市。这些城市通过团结来维护市民的生活，通过秩序来反抗暴力，近代欧洲由此诞生。

在这一形势下，承担了先驱之任的是意大利。在十字军影响下急剧兴起的城市各自形成了独立的自治组织。现在在皇帝和教皇的权利即将崩塌之时，这些城市已粗具国家的姿态。其中最有实力的是威尼斯、佛罗伦萨、米兰、罗马和那不勒斯五国。中世纪的象征 —— 骑士在这儿早已消失，取而代之的只有佣兵和其首领（Condottiere）。这不是社会中的某个身份，他们只是看酬劳决定为哪国而战的企业家，在这些地方，国家由几乎没有身份差别的平民构成，大多数的国家采用了共和制，当然，其中有的地方像佛罗伦萨那样形成了一个包括整个市民共同体的纯政治性的公会组织，也有的地方像威尼斯共和国那样建立了稳固的贵族政治。不管是哪种，它们都呈现出了近代国家的风貌，这是不可否认的。居住于佛罗伦萨的马基亚维利身处其中，对国家的问题进行了深入的思考。他的观点能给之后的欧洲近代国家各种各样的启示，不是没有理由的。

但是在狭小的意大利，小国林立，互相争斗，又面临西班牙和法国的不断入侵，在这样的形势下，近代国家作为国民国家的特质在此还没有显现，对意大利整个民族来说，这是充满了分裂、争斗、残虐与不安的生活。而就在这样的情况下意大利人创造出了能与希腊鼎盛时期比肩的文艺复兴文化。从这个角度来看，充满了争斗与残虐的生活，也许可以理解为是人性解放的一个表现。想从切萨雷·博尔吉亚身上找到最强健的超人性格的做法，正是这种思想的代表。在十字军东征的背景下出现的意大利各个城市的文化，不可能是文弱之物。文艺复兴时期的艺术家们蔑视以地狱的呵责来威胁恐吓的教会权威，他们只从异教的古代文化中寻找文化血缘，比古代人更热衷于将人之美凝聚成为艺术的结晶，可以说他们都有着刚强而大胆的个性。意大利文艺复兴的伟大很大一部分是基于这一"强"字之上的。

意大利文艺复兴的本质特征是：个人的发展、古代文明的复兴以及世界与人的发现，这是众所周知的。中世纪的人只会遵从教会的教义，通过空想来理解外界，他们只把自己当做是全体的一小部分。文艺复兴时期的意大利人与他们相反，他们能客观地直视外界，开始意识到自己是一个独立的个人。十三世纪结束时，在意大利突然开始涌现出很多有个性的人物。前文提到的但丁就是其中之一，而且不仅是掌握了都市国家政权的专制君主或统率军队的佣兵队长等著名人物是这样，就算是一介市民也表现出这样的倾向。这可以说是与中世纪的人相对的一种用"自然"代替了"神"的态度，而近代欧洲文化的出发点就在这儿。但是，客观地观察了外界，并不意味着马上就能对自然的与精神的世界有一个透彻的认识。这时作为指导者出现的是古代。古代有严谨的学问，可以取代神话传说；有无限追求的精神，可以取代教条思想。有叙事诗、历史，鲜明地反映了明快自然的人的生活，而由此培育的意大利精神，不久就将探索、发现的目光投向外面的世界，意欲打破中世纪封闭的视野。十字军的远征已经在欧洲人的心中播下了对远方国家渴望的种子，而这种欲望最早与对知识的渴求结合并使人踏上冒险之旅，就发生在意大利。这是因为意大利人很早就开始了地中海航行与贸易，非常熟悉东方各国。十三世纪末已有马可·波罗（1254 — 1324）旅行到达了中国。其后为了探索发现新世界前往海外的意大利人可以说是数不胜数。他们继承了先驱者的思想与遗志，并以此为基础制订自己的计划。后来，在他们中间最终出现哥伦布这样的人物绝非偶然。

这一发现的精神也促成了近代自然科学的产生。在北方，十三世纪阿尔伯图斯·马格努斯已在物理学、化学、植物学等领域展示了丰富的知识，还有，英国的罗杰·培根（ca.1214—ca.1294）在阿拉伯自然科学的影响下对现象之间真正的关联有着惊人的洞察力，他主张回归自然观察，而对经院哲学的体系进行了毫不留情的攻击。他们毫无疑问都是近代自然科学的先驱者，他们不受时代与社会的理解，而后者这样的人更是遭受了迫害。然而在意大利，对自然的观察研究受到了全体国民的欢迎。但丁的《神曲》中包含的详细的天文学知识，对这个时代的读者来说只是常识。在这样的情况下，经验自然科学在意大利最先得到发展，教会的干涉亦不如北方那么强烈。就这样，到了十五世纪末，出现了保罗·托斯卡内利（1397—1482）和列奥纳多·达·芬奇（1452—1519）等人，意大利在数学、自然科学领域成为了欧洲遥遥领先的先进国。而这个托斯卡内利正是向哥伦布传授向西航行到达印度的想法之人。

这一发现的运动是近代欧洲要打破中世纪的封闭向外界发展的倾向的最直观体现。而将之强有力付诸实行的不是意大利人，而是西班牙人与葡萄牙人。也就是说，在与"东方"的战斗中建立的国家，站在与"东方"作战最前线的民族，现在要开始新的"海外十字军"之征途。而这一行动正是近代欧洲形成的最后一个重要契机。我们对近代欧洲的考察就从那儿开始吧。

以上是对历史经过的一个概览，说是包括了东方与西方的统一与对立，但和我们所居住的东亚文化圈却没有关系。东方最多也只是接触了印度，到了马可·波罗的时候，日本和中国才算进入了西方的视野。但是印度与中国的文化圈，不仅实质上与西方的文化有着各种各样的联系，而且它们在世界史中所具有的意义决不亚于欧洲的文化圈。但是它们却没有得到同等的对待，其原因是在与近代欧洲接触以后，它们的文化发展没能与欧洲相对抗。就这一点我们也必须作一个简单的概览。

在罗马帝国世界统一的时代里，印度——拥有同样吸取了希腊式要素的高度文化——在其自身的视野里已经形成了一个统一的世界。大乘佛教结构宏大的哲学、文艺与美术都与这个时代的创造有关，不仅如此，它的活跃期比罗马世界的统一持续的时间还要长。中观哲学与瑜伽行哲学在四世纪时即已创建完成，而西罗马帝国灭亡之时，中观派与瑜伽行派的哲学家们的活动还是非常活跃。这两者作为学派鲜明对立，却是六世纪时候的事，真谛以及玄奘传到中国的佛教哲学都是由这个时期的学者解释的。七世纪后逐渐进入衰退期，但即使在这一时期也出现了真言宗系的象征主义哲学。而这些被带到喜马拉雅山另一边后又激发了新的活力。但是在西欧渐渐开始创造自己的文化之时，印度已跌入衰退的谷底。不久，在十世纪结束时，印度遭到了马哈茂德的侵略，之后它就只是构成"东方"世界的要素之一了。

中国与罗马帝国比肩的是西汉和东汉帝国。它们继承了古老的周代文化，吸收了战国时代以来的外来要素，在当时的整个东亚形成了一个统一的世界，跟局限在狭小的黄河流域里的周代相比，这是一个全新的世界，这个广范围内的统一世界的形成对于中国文化究竟有着怎样的决定性意义呢，从中国的民族被习惯性地称为汉族，中国的文字被习惯性地称为汉字，中国的语言被习惯性地称为汉语，我们就可以清楚地知道了。中国的民族在汉代以后增加了不少新要素，与汉代的民族决非完全相同，中国的语言也是如此，但是我们却已经养成习惯把它们放在"汉"的名称下统一把握。

这个统一的世界在三世纪就崩溃了，比罗马帝国还早一步。之后是三国时代，不久受到了外族的频繁入侵。因民族运动而引起的混乱也比西方要早一步，早在四世纪初，外来的蛮族已经控制了中原地区。混乱持续的时间跟西方一样长达三百多年，但混乱结束的方法却与西方不同。在西方，罗马的文化被破坏殆尽，罗马人对征服民族的文化逆向征服是以本非罗马文化的基督教来实现的。然而在东亚，汉文化没有遭到太大的破坏，先后进来的外蛮大多被汉文化同化，有的连使用的语言都变成了汉语。因此通过民族融合创造的新文化，是以汉文化为基础进行的。当然汉文化自身也必然因此会产生显著的变化。这样，在七世纪初，隋唐的文化已经先于西方开始华丽绽放了。

有一点不能忘记，隋唐的文化是通过民族的融合创造出来的文化。隋室的祖先生长于北狄之地，至少母系有北方少数民族的血统，唐朝的李氏可以看作蕃姓，而部下有权势的人中也有很多异族人。隋唐的文化就是在这样异族的合作下大量吸收外来要素而形成的。印度的哲学与宗教、波斯的思想、艺术、林邑的音乐、物品等源源不断涌入隋唐的文化，这样，产生了唐代诗歌、绘画、美术中常见的丰润醇美的风格，或建立了唐代佛教哲学中所展现的宏大体系。这些与汉文化有着明显的区别，但是作为在中国创造的文化，它们是最优秀的，其醇美的风格在当时整个世界上也是无与伦比的。七世纪至九世纪时期的西方文化远远落后于中国自不必说，即使是阿拉伯的文化也是无法企及的，因此这一文化的影响不仅遍及整个东亚，甚至遥远的亚洲以西的地域也受其影响。

这一文化在西欧自己的文化开始发展之前就已经落幕。契丹等外蛮的兴起与突厥族在国内作乱是主要原因，在混乱持续了仅半个多世纪后，宋（960 — 1279）实现了统一。但是这次的统一不像唐朝那样是横跨整个东亚世界的广泛统一，而是外围有契丹等异族国家环伺的统一，故形成了集中在中国自己版图（后来是其一半）内的集约型文化，但中国本土特有的色彩因此呈现出复苏的景象。比如，佛教明显中国化，形成禅学，儒教再次活跃，并在佛教的影响下发展了形而上学的思想等等，就是很好的例子。这些作为中国独自创造的文化必然都会受到重视。不过，要特别注意的是，宋朝的文化与西欧的中世纪文化差不多是同一个时期，西欧中世纪所特有的封建制度在这儿是不存在的。宋朝治国有意识地避免武力统治，致力于释放民众的活力，因此工商业发达，农民的地位得到提高，城市生活颇为繁华。着眼于以上几点，有学者认为宋朝已经能看到近代的一些趋势。这个观点还有其他的一些事实也可以作为很好的例证：火药与罗盘针的发明，印刷术的完成都是在宋代出现的，远远早于西欧。而且印刷术方面甚至完成了出版大藏经这样的伟业。地理知识则已涵盖遥远的地中海沿岸、埃及、西西里、西班牙。而集中代表了这一趋势的是儒教集大成者朱熹（1130 — 1200）所强调的格物致知。这不正说明宋代是近代文明的黎明么？确实也能这么说。但是虽有格物致知的精神，东亚世界并没有产生西欧那样的近代科学。在火药、罗盘针、印刷术上虽着人先鞭，但这些并没有促进近代技术的发展与思想的解放，反而在传播到西欧后被西欧人利用而成为对中国施压的力量。不得不说这里边存在着很大的问题。朱熹比托马斯·阿奎那早两个世纪出现，与托马斯一样，是这个时代的哲学集大成者。格物穷理并没有使他成为近代文明的先驱，他在经典注释中所表现的中世纪式的态度，是酷似托马斯的。经典、圣人的权威之于朱熹与圣书、基督的权威之于托马斯没有丝毫的不同。所以宋朝的文化虽然整体上比西欧中世纪时的文化先进，但是在最重要的一点上，它还是中世纪式的文化，欠缺西欧近代社会的特征 —— 思想的自由与无限追求的精神。

但这是中华民族的性格造成的吗？或者是因为时代还不够成熟？我觉得这一点作为一个重要问题需要慎重考察。总而言之，造化不济，这之后中国所面临的形势 —— 蒙古人征服中国，也使中国无法实现上述发展。成吉思汗时，蒙古开始崛起，其征服世界之业，对欧洲来说可能只是一段插话（1236—1243），但是对于自西南亚至中国之间的国家来说，却有着重大的影响。忽必烈征服中国计划完成之时（1260—1294），除了西欧、印度、埃及、日本以外，当时已知的世界都被统一了，一个世界史上空前绝后的大帝国成立了。但是蒙古人本身没有什么值得注目的文化，因此蒙古人的征服只带来了破坏。在中国，宋代文化的创造者被贬到了社会的最底层，居于中国的外蛮——金人及高丽人之下，其上还有阿拉伯人和其他西域来的异族人（色目），而在所有人之上的统治阶级则是蒙古人。在这样的形势下，宋文化不可避免地出现了衰退。

但是上文所述的统一也是伊斯兰文化圈与中国文化圈的统一，阿拉伯的文化，特别是天文学、数学、地理学、历法、炮术等知识由此传入中国，这是明显的事实。很多人指出，郭守敬的《授时历》就是这一历史事实的一个见证。从这一点上可以说，十三四世纪时西欧在西班牙受到的阿拉伯人的刺激，中国因为蒙古人的缘故也差不多在同一个时期经历了，但是这一刺激所产生的效果在西欧和中国却有着明显的区别。在西欧，这些知识帮助人们打破了基督教教义的束缚，但在中国，却是朱子学被定为官学，助长了中世纪式的封闭性。这一点上我们必须清楚地看到两者之间在性质上有着很大的差异。

但是蒙古的统一，还带来了一个重要的结果。那就是让西欧人知道了印度、中国、日本等他们的"东方"概念里没有的东方文化圈。于是，西欧人对东方的欲望转变成了对印度、中国和日本等未知之国的欲望，并大力将之付之行动。我们当前所面临的问题就出现在这里。

最后我想在上文所述的历史变迁中给日本的各个时代作一个定位。

我国形成统一的国家应当是汉朝在东方建立统一世界之时。当时是以镜玉剑[1]的权威实现的统一，故与汉镜之间的关系当然是密不可分的。这个统一的国家在朝鲜展开长期的军事活动是在四世纪末，与西欧的民族大迁徙正是同一个时期。其结果是我们开始通过吸纳汉字、汉文等举措来具体地了解中国文化。不久后又接受了佛教，接触隋唐的新文化，极其迅速地建立了一个法制完备的国家组织，时间上是在隋朝统一（589）的半个世纪后，也就是唐朝统一二十多年后。这样，七世纪到九世纪之间是唐朝文化时期，在我国是大化到延喜之间的文化繁荣时期。就像唐朝文化在当时是整个世界的最高峰一样，我国这一时期的文化也是遥遥领先于西欧的。不仅如此，我国没有经历中国五代时期那样的混乱，独自形成了与宋朝文化相对应的藤原时代的文化。这是一种和平精神已经渗入到了骨髓里的文化，与同处于十一世纪的西欧的杀伐之气作比较，不得不说这儿简直就是另一个世界。这样

---

[1] 镜玉剑，指三神器，八咫镜、天丛云剑、八尺琼勾玉。—— 审校注

看的话，西欧在罗马帝国崩溃后到中世纪文化鼎盛期之间是暗黑时代，我国却是晴朗如同白昼一般的时代。

但是在这个晴朗时代的巅峰期，"武士"集团已经开始慢慢形成。从时间上看，正是西欧即将发动十字军东征的时期，那么"武士"的出现应该是晚于骑士的。但是其发展却比欧洲迅猛，一个世纪后爆发了源氏与平氏之战，成立了武士的幕府（1185）。根据这一史实创作的《平家物语》，与歌颂西欧中世纪骑士的叙事诗差不多创作于同一个时期，但是作为文学作品来看，不得不说《平家物语》要成熟得多。不仅如此，在十二三世纪这个武士的时代，与南都、北岭的教权相对抗而兴起了净土（真）宗、禅宗、日莲宗等，在这一点上与西欧的中世纪有着显著的差异，这一差异有部分是来自基督教与佛教的不同，但是这种忠实于自己的宗教体验始终贯彻因信称义的立场，这样的态度，已经有了与后来的路德宗教改革相通之处。在这些方面，我认为对镰仓时代的文化，我们可以给予相当高的评价。

但即使这样，值得重视的是，有一点是西欧中世纪时代具备而镰仓时代所没有的，那就是我国的武士是在发生内乱的情况下出现的，而不是像西欧那样是在不同民族或不同文化圈之间的对立中产生的。在这儿，既没有来自外界对东亚统一世界的入侵，也没有跟西方世界的长期对立。因此，这里的视野一直局限在国内，对遥远的未知世界没有欲望，不，应该说对西方极乐世界所持的是一种憧憬，形成了一种跟十字军东征完全相反的、柔和的、脱离现实的态度。这有着怎样重大的意义呢，看一下十三世纪末蒙古来袭（1274、1281）给我们带来了怎样的影响就能明白。这就好像是在西欧和日本之间出现了一座桥梁，但是我们的祖先受到刺激之后，对外面广阔的世界闭上了眼睛，只是在遭到外部世界的压迫后，才意识到自己国家是一个统一的国家，就想恢复武士阶级兴起以前天皇亲政的政治体制，结果却只是再次引起了一场内乱。这种被动的封闭性态度正是我国的位置与历史的产物。

西欧文艺复兴之花盛开在十四五世纪，相当于我国的室町时代。这一时期对我国来说也是文艺复兴时期。藤原时代的文艺——特别是《源氏物语》——是这个时代的教养标准，以此为基础创作出了很多新的作品。无论是谣曲还是连歌，都是如此。而且这个时代创作的能、狂言、茶道、连歌等即使在现在也还是作为日本的代表性文化而受到重视。而这绝非一句空言。能作为演艺的一种形式，对人动作的否定式表演方式实在是非常独特的，而从理论上对之进行分析的世阿弥的文艺评论也很有深意。连歌作为一种文艺形式在世界上也是一种无与伦比的共同创作，也不缺少理论方面的建树。而茶道则可以说是对艺术新领域的开拓。它们成立的时代，应该和意大利的文艺复兴时期一样受人尊重。不仅如此，这一时代海外远征热兴起，爱冒险的武士和商人不仅到达了中国沿岸，也进一步到达了南方。与此同时，堺、山口等城市蓬勃发展，当地市民的势力已能与武士分庭抗礼。民众势力的发展甚至可以被看作是这个时代的一个特征，一揆[1]的盛行、民众自治的开始，这些都成了孕育下个时代统治势力的母体。

综合以上几点来看，我国十四五世纪也可以说是近代文明的准备阶段。而且与同时代的意大利相同，国内众多势力对峙，到了十六世纪国家失去统一才开始与西欧的文化进行接触。我们问题的焦点就在这里。

[1] 一揆，有团结一致之意，后引申为因某种原因而结成的政治团体或其所发起的行动。——译者注

前篇　全球性视野的形成过程

第一章 /
面向东方的视野开拓运动

一 对东方的欲望 马可·波罗及其后继者

在与东方伊斯兰世界对立中逐渐形成的欧洲世界，对比伊斯兰世界更远的东亚开始采取行动，这是出于什么原因呢？

最早的契机是十三世纪末蒙古帝国的形成。蒙古人的势力从遥远的东方向伊斯兰世界的背后逼近，对于直面伊斯兰敌人的欧洲十字军战士们来说，他们是如同援军一样的存在。不仅如此，这些蒙古人不像阿拉伯人和土耳其人那样有着狂热的宗教信仰，看上去对基督教倒似较为认同，特别是他们在对待伊斯兰教时亦持同样宽容的态度，他们没有给基督教特殊待遇，但是许多基督教徒因此效力蒙古的君主。而忽必烈兄弟的母亲等人是基督徒这件事，更是让罗马教会及各界人士努力想和蒙古帝国取得联系。

还有一个将欧洲人的目光吸引到东方的要素，那就是祭司王约翰的传说。人们相信这位约翰先生既是祭司，同时也作为国王统治东方的基督教国家。西欧人强烈希望找到这个基督教国家并联合它夹击伊斯兰帝国。

在这样的形势下，十三世纪中期，先有教皇英诺森四世派遣使节团，后有亚美尼亚王室一族多次探寻，接着又有鲁布鲁克受教皇和法国王室的委托踏上东方之旅。他们都到过哈拉和林，没到过中国，但是亚美尼亚的王子海顿称中国为"人口众多、财富遍地的世界上最大的国家"。鲁布鲁克亦提到在东边有一个靠着大洋的国家。这些人的记载中都饶有兴趣地提到了汉字。

踩着前人的足迹，在中国生活了二十年的马可·波罗（1254—1324）登上了历史的舞台。他的父亲与叔父从事贸易，因要把拜占庭的商品带到蒙古，他们沿着伏尔加河溯流而上，走到很远的地方。但因蒙古内乱，归路被阻断，故越过大草原前往东南方向的布哈拉。在布哈拉因商务逗留的三年期间，他们学习了蒙古人的习俗和语言，并接受了一个派往中国的波斯使节的邀请，前去拜见了忽必烈。据说忽必烈热情款待了他们，并在他们归国之际派出了使者随行，欲恳请教皇派遣学者以担任蒙古的七艺之师。虽然使者因为患病没能同行，波罗兄弟归国后向罗马教廷转达了忽必烈的旨意。第二次旅行之时，他们除了携带教皇的书简以外，还有两位多明我会修道士同行。不过由于战争原因，他们后来不得不在亚美尼亚折返。

十八岁的马可·波罗随行参加了第二次旅行（1271）。据说他们的旅程是这样的：先从小亚细亚的拉亚佐登陆，绕道亚美尼亚，途经巴格达、巴士拉，经波斯湾航行至霍尔木兹，从那儿横穿伊朗高原，到达巴尔赫，然后翻越崇山峻岭，取道喀什、叶尔羌、于阗，沿着中印古通道前行。到了甘州附近往北转，经由现在的内蒙古进入北京。马可一行再度受到忽必烈的款待，特别是年轻的马可颇受青睐，接受特别使命，被派遣到中国南方诸省。于是他游历山西、陕西、四川、云南等省，旅程直至缅甸。这之后的近三年间，他在位于南京东北方向的扬州担任地方长官，之后与叔父一同在甘州长期滞留。当时忽必烈企图征服岛国日本国（Zipangu），以失败告终。马可·波罗在中国生活了二十年后，作为远嫁波斯的公主的随行人员，经由海路，踏上了归途。这次旅行他沿着大运河到达扬州，经过苏州，到达杭州。马可·波罗称杭州为行在（Quinsai、Kinsay、Khinzai），惊叹杭州为世上最美的城市。说杭州有人家一百六十万户，石桥一万二千座，有十二个行会管理着一万二千个工场，街道上车来车往，络绎不绝。从杭州胡椒的日消费达一万磅以上，可见人口之多。他从杭州再往南，经过福州，到达刺桐[1]（Zayton）。这儿是印度航路的起点，算得上是世界上最大的商港之一。这个港口可能也包括了厦门。马可·波罗一行一二九二年初从这儿坐上十三艘四桅大船，渡过蛮子（Manzi）海[2]，到达占城，再取道暹罗，到达民丹岛，从那儿前往南苏门答腊的巴邻旁，然后穿过海峡往西北方向进入印度

---

[1] 刺桐，指泉州。——审校注
[2] 蛮子海，指南海。——审校注

洋，经过尼科巴群岛、安达曼群岛转向西南，停靠锡兰岛。接着沿着印度洋西海岸航行，直至波斯的霍尔木兹。在这儿，马可·波罗听到了很多关于索科特拉、桑给巴尔、马达加斯加等印度洋西海岸诸岛的传闻。至此，马可·波罗一行两年的航海之旅结束，抵达波斯（1294），在国王周到的保护之下回到威尼斯，则已经是第二年的事了。

但是在同一年，马可·波罗为了威尼斯参战，成了俘虏。他的旅行记是在热那亚的监狱里让狱友记录的口述。不仅如此，他的文化教养和叙述能力都有不足，因此这本旅行记在很多方面是不精确的，但是他是第一个横穿亚洲进行勘察，描述沿途的各个国家的人，他一路见到了伊朗高原的景观、东突厥斯坦的城镇、蒙古草原的生活、北京朝廷的威容、中国的民众。他也是第一个在西欧讲述有着黄金宫殿的日本、有着黄金塔的缅甸、香料丰富的巽他群岛上如伊甸园一般的原野、有着众多美丽王国和繁荣产业的爪哇岛以及苏门答腊的人。此外，他还亲眼看到了西欧传说中的印度在现实中的伟大与财富。他还是第一个讲述阿比西尼亚[1]的基督教国家、马达加斯加、北极地区情况的人。必须得说，马可·波罗的旅行对西欧来说是划时代之举。

但是，这本旅行记并没有当下就产生影响，与马可·波罗同时代的但丁等人都没有提到过他。但无疑，在这之后的一两个世

---

[1] 埃塞俄比亚的旧称。——译者注

纪里它逐渐渗透到西欧世界，并成为东南亚相关知识的基础。行在、刺桐、蛮子、日本国等名称在很长时间内对西欧的贸易商人有着莫大的魅力。还因此出现了把哥伦布发现美洲大陆和马可·波罗联系在一起的观点，认为哥伦布是受了马可·波罗旅行记的刺激，所以把到达日本国当做他一生的任务。亨利·玉尔（H. Yule，《马可·波罗之书》，1875）反驳了这种观点，认为哥伦布没有提到过马可·波罗，他知道马可·波罗还是通过托斯卡内利的书信。不过托斯卡内利的知识正是基于马可·波罗，虽为间接（关系），但也不得不承认马可·波罗的功绩是新大陆发现这一伟业的一大动力。

紧跟马可·波罗之后前往印度及中国的传道师有蒙特科尔维诺的约翰（ca.1247 — 1328）、波尔代诺内的鄂多立克（1286 — 1331）、马黎诺里的乔瓦尼（ca.1290 — 1353）等人，他们都是方济各会会士。前两者经由印度到达中国，在北京建教堂、办教会。其中，鄂多立克更是经苏门答腊、爪哇、婆罗洲、占城到达广东，再经过马可·波罗写到的刺桐、行在和南京等地到达北京。对途经城市之规模与繁华，鄂多立克用了更夸张的语言来加以描述。马黎诺里由陆路来到北京，经印度返回，而他说到南部的中国有三万个大城市，其中行在是最大最美的。马黎诺里的记录仅仅是为马可·波罗的记载提供了证据。

但是，因为元朝的灭亡（1368），上述（东西方）交通通道被阻断，只有与印度之间的交通通道尚存。十五世纪，走过这条通道的尼科洛·达·康提很有名。他是第一个横穿印度内陆的欧洲人，他穿过德干高原，抵达东岸的马德拉斯，然后，往南到达锡兰。接着又环游了苏门答腊、缅甸、曼谷、巽他群岛，在婆罗洲和爪哇逗留了较长时间，归程经过亚丁、阿比西尼亚，渡过红海，最后到达开罗。他的旅行记得以保存，是因为归途中他在红海上落入了海盗的手中，不得已加入伊斯兰教。为了忏悔此事并请求免罪，他来到当时（1439—1442）在佛罗伦萨暂时逗留的教皇的住处，口述了其中的内容。而当时的学者托斯卡内利正在佛罗伦萨，时年四十五岁，精力旺盛。他在那封有名的信中写道，"跟人就中国之事作了长谈"。一般认为这里说的可能是康提。

上文中所说的托斯卡内利的信，指的就是那封他主张从欧洲往西可以找到近道前往强大中国的信，他称中国是一个盛产香料宝石，学术、政体也非常先进的东方国家。他在回答葡萄牙国王的询问时用一张地图直观地呈现了自己的想法，并附了此信（1474）。从中我们可以看到马可·波罗后积累的旅行知识与地圆说这一物理学上的观点的结合，而这就是那个时代最先进的知识。

受到这封信的刺激，不久，哥伦布就开启了他的西航之旅。但是在此之前，我们要先思考这样一个问题：这封信与葡萄牙国王是因何产生联系的？事实上，新知识前沿与葡萄牙产生联系，是因为葡萄牙就处于认知新知识的最前沿。

二 航海家恩里克王子的理念

　　作为葡萄牙这一格局的最好体现，下面要谈谈航海家恩里克（Dom Enrique el Navegador）。

　　葡萄牙与西班牙同为在与萨拉森的战争中形成的国家，对萨拉森之战胜利后（1139），葡萄牙建国，后十字军征服里斯本（1147），以之为首都。从摩尔人（本来是北非一个种族的名称，逐渐用作阿拉伯人的总称）手中夺回南端的阿尔加维州则是在一百多年之后。十四世纪中叶，苏丹阿布·哈桑大军逼近之际，葡萄牙与西班牙结为同盟，参加了萨拉多河的"基督教大胜利"之战（1340）。之后葡萄牙陷入与西班牙的纷争，中间曾有里斯本被焚毁等失利，但最终还是取得了战争的胜利，若昂一世（1385—1433在位）登上王位，葡萄牙民族的英雄时代自此开启。与摩尔人的战争在若昂一世在位期间仍在继续，虽然葡萄牙征服了北非最北端的休达等地，但是值得重视的是，在这个时代，双方对立的本质已经发生了变化。这一点在若昂一世的王子——航海家恩里克（1394—1460）身上得到了体现。

　　恩里克住在两个世纪前从摩尔人手中收复的阿尔加维州的圣维森特角萨格里什城中，他在那儿创设了最早的天文台、海军兵器厂，开办了宇宙学的学校，开设观察描述天文现象与世界地理的课程，他努力把葡萄牙的科技力量尽皆集中于此，他的动机首先是受阿拉伯人刺激而产生的对未知世界的关心。恩里克在青年时期参加了休达之战，亲身经历了与阿拉伯文化的对峙，因此他对南方非洲之地的兴趣高涨，到达几内亚成为他强烈的愿望。欧洲人恐怕是从阿拉伯人那儿知道几内亚（Guanaja，Ganaja，Ginia）的吧。加泰罗尼亚版世界地图（1375）中描绘了非洲内陆一位戴着王冠的黑人，并写道："这位黑人君主被称为穆萨马里[1]，是几内亚黑人的主宰。他从这个国家征收的黄金之多，使他成为这个地方最富裕最尊贵的王。"但是尚未有欧洲人到过这个国家。非洲西岸距海峡一千五百公里的博哈多尔角以南地区尚未为外界所知，故进入这片未知的区域，垄断与几内亚各民族的贸易联系，显然对葡萄牙是非常有利的。但是，因为这样的想法是受到阿拉伯人的刺激才产生的，所以，恩里克王子的第二个动机来自对阿拉伯人的敌对意识。数世纪以来的敌人摩尔人，其背后存在着怎样的势力呢？那儿有没有基督教国家呢？加泰罗尼亚地图里记录了埃塞俄比亚的皇帝，是不是可以在基督的名义下与其联手夹击摩尔人呢？这样的敌对意识积极转化为想让基督教之光照进尚未听到福音的暗黑国土的传道热情。另外，当时流行的占星术预言也是他的动机之一，在主观意识上对他有着很大的影响力，但是促使恩里克王子做出之后长达半个世纪的世界级规模壮举的正是前文所述的两大动机。

　　而对我们来说很有意义的是，对阿拉伯人的对抗与为进入未

---

[1]　穆萨马里，原文作"ムッセメルリ（Musa Mali）"，指"马里的穆萨"，即马里帝国的国王曼萨·穆萨（1312—1337在位）。"曼萨"意为国王或皇帝，"穆萨"是国王的名字。——审校注

知世界所作的努力在对学问与技术的研究上得到了体现。在此我们必须要看清我前文提到的质的变化是什么。恩里克被称为航海家，不是因为他自己航过海，而是因为他从欧洲西南端的萨格里什城面向西方南方一望无际的大洋，一次次指挥着众多部下进行航海与探险。也就是说，这一次次的航海对他来说就是一个个的"实验"，而通过实验，可以将视野拓展到未知的世界，可以说，他的功绩在于他的"认识之功"。但是，这个实验不同于研究室里的实验，需要大量的经费、人员、组织和统筹，这不是单纯的学者就能做到的，而是需要强大的政治势力和杰出的政治手腕才能实现的。这就是恩里克王子出现的意义。他的"认识之功"与政治能力的结合，使他的政治能力具有了理智的眼光。

传说中，恩里克的性格也与此相符。他态度沉静，但是言辞干脆，给人严肃之感。他生活简朴，不近酒色，不感情用事，宽以待人，富有决断力与忍耐力。

而这位恩里克王子冷静又执着地想要突破的难关，第一是当时航海技术的不成熟。自威尼斯人以里斯本为中途停靠港首次开辟通往英国的航线以来，至今还不到一百年。那时的航行只能沿岸航行。虽然指南针的功能已经为人所知，但是尚未被航海者利用。在这样的情况下，恩里克王子派了很多探险船出航，这些探险船都成功抵达了已知的博哈多尔角，但是这个博哈多尔角是沿岸航行的难关，它向西伸出约四十海里，其顶端周围六七里[1]之内暗礁环绕，大浪翻卷。为了避开那儿，就要打破沿岸航行的常规做法，航行到离岸较远的海洋深处。缺乏勇气的航海者到了那儿都不得不返航。

而使此航海更加困难的即是恩里克王子要突破的第二个难关：非洲西海岸的地理与风土条件。这儿的海岸从北往南四百英里之内几乎没有河流，这样就没有能建港口的河口，只有平坦的、沙丘众多的海岸，大多为撒哈拉沙漠。因此海上四五十海里之内，浅潮之上，浑浊的空气凝滞不动。究其原因可以归结为以下几点：沙漠的尘埃、不同温度大气层的接触而产生的雾气、海面上出现的寒流等等。不管是何种原因，总之就是，即使空中无云，那儿也总是大气阴沉，日光微弱，因此沿岸航行的航海家们往往为看不到陆地所苦，所以中世纪以来这里一直被称为"黑暗之海"，被航海家们所畏惧。

实际上这些障碍很难克服。恩里克二十年间想尽办法，也无法从博哈多尔再往前进一步。民间因此有不满之声，船员们亦疑心重重。不久，王子连海员也很难招到了。在这样的形势之下，王子面临的最大困难还是来自传统地理知识的压力。按亚里士多德所说，热带地方是无法住人的。这一观点经托勒密、阿拉伯学者、阿尔伯图斯·马格努斯等人传播，直至当时也还是为人所采

---

[1] 本文所用之"里"为日本的长度单位，一"里"约为3.927公里。下同。——译者注

信。如果这一说法为真的话，那么往热带地方送人就是毫无意义的牺牲。但是恩里克王子想要努力突破囿见。他收集马可·波罗的旅行记、有关非洲内陆的各种报告等，以刷新热带地区的相关知识，但"黑暗之海"与博哈多尔角还是像一道关卡遮蔽了新的视野。恩里克王子一边对抗来自传统知识的非难，一边努力突破这个难关。

到了一四三四年，这第一道关卡终于被突破了。恩里克王子的家臣吉尔·戛纳（Gil Cannes[1]）因过失而失去了恩里克王子的恩宠，为了重新得宠，冒死越过了博哈多尔角。这次航行，证明了以往的恐惧都是无稽之谈。他从人人以为的不归路上归来了，这使后面探险的人深受鼓舞，他们到达了一个叫里奥德奥罗的地方。这个地方在北回归线上，是通往热带的入口，而岸边可见的渔网显示了人类的踪迹，至此，热带地区不能住人这一理论虽还未被彻底打破，但是已经开始动摇了。

随着博哈多尔角被突破，通向热带的门被打开，探险船纷纷前行，一四四一年到达"白色海角"（布兰科角），一四四三年到达阿尔金海湾。与此同时，他们采用了与当地土著居民缔结友好关系的新方式，在阿尔金岛设立根据地，开始进行贸易。数年以后，已经达到了连那些离萨格里什不远的拉各斯的商社都要派出六艘贸易船的规模。贸易的成功使得恩里克王子的反对者们不再

[1] 此处按原文翻译作吉尔·戛纳（Gil Cannes）。但据译者考查，第一个越过博哈多尔角的应该是吉尔·埃阿尼什（Gil Eannes），Gil Eannes与Gil Cannes仅有一个字母不同，此处可能为作者误译。——译者注

聒噪，公众的兴趣总算转移到了贸易上。

而更重要的突破，则是一四四五年"绿色海角"（佛得角）的发现。当时迪尼斯·迪亚士执行恩里克王子的航海计划，寻找南方的黑人国家。摩尔人与黑人的边界线是塞内加尔河，迪亚士大胆地越过塞内加尔河口，到达非洲西端。当地的黑人为眼前的巨大船只而惊讶，而白人们则更是为美丽的绿色海角所震惊。在这片位于北纬十五度的热带土地上，植物茂盛，鸟兽众多，有充足的粮食可以供给人类！至此，热带人类无法居住一说彻底瓦解。

可以说，这是恩里克王子功绩的核心部分。人们明白，与其相信希腊权威人物的著作，不如相信自己的亲眼所见。因此，对地球的认识翻开了新的篇章，这正是恩里克王子期待的，也是他长年不懈坚持下来的结果。现在他的努力得到了回报。在他成功之前，跟他一样充满自信的人非常少，现在他全面地影响了航海家们，开阔了他们的眼界。

就这样，探索的热情更为高涨。翌年（一四四六年）探险的前线从冈比亚河推进到了塞拉利昂附近。但是黑人的抵抗也更为激烈了。发现了"白色海角"、又到达了冈比亚河的特里斯唐，乘小舟沿努涅斯河溯流而上时，被突然出现的黑人武装小船包围，所有人都被毒箭射杀。留在大船上的四个水手与文书乘船出洋，向北航行，于两个月后安全返回。从水手们说返航期间没有见到陆地可知，他们已经摆脱了沿岸航海法，有了进入大洋的自信。而且在只有文书和水手的情况下就敢这么做，说明当时的航海技术已经有了飞速的发展，眼界的扩大带来了技术领域的发展。

在这一形势之下，恩里克王子开始计划寻找通往印度的航路。特别是面向印度的非洲东岸埃塞俄比亚高原，作为祭司王约翰的国家依然有着强大的吸引力。但是他派出的最后一支探险队却还只是在探寻尼日尔河的上游地区。一四五七年，他注意到了迪奥戈·戈麦斯带来的情报，称在塞内加尔有一条向东奔流的大河，即派戈麦斯与另两人带三艘探险船沿冈比亚河逆流而上。这支探险队到达了昆陶尔，他们打听到突尼斯、开罗的商队会到这儿来，以及塞拉利昂的群山之后有一条向东奔流的大河，但是没有做实地勘察。

王子在长年的探险中耗尽家财，留下了巨额的债务。一四六○年于六十七岁时离世。当时对非洲海岸的探险还没到达几内亚，但是他已为葡萄牙作为一个海上国家将要开创的伟业奠定了基础，难关已经被突破，接下来就只要等待这个王子个人的事业成长为国民的、整体性的事业。而这一成长以非常稳健的脚步一步一步地实现了。

三 瓦斯科·达·伽马实现王子的愿望

恩里克王子死后，他的侄子阿方索五世最初很热心地介入了探险行动，但发现蒙罗维亚之后因忙于处理国内关系而收手了。不过贸易日渐兴隆，收益巨丰。一四六九年费尔南·戈麦斯以一年五百达克特[1]拿到了几内亚海岸五年的贸易独占权，附加条件是必须自费探险，保证每年向前推进一百里格（约550公里），也就是说，探险已经成了赚钱的行业，非常划算。几内亚海岸因此迅速被拿下。一四七一年另有两人从黄金海岸经尼日尔河河口进入了赤道以南地区。当时托斯卡内利主张向西航行（1474），葡萄牙人对此却很冷淡，有人认为葡萄牙人对西航不感兴趣的原因在于当时非洲的形势大好。

在这样的形势下，一四八一年，阿方索五世的儿子若昂二世继位。恩里克王子的精神在他身上得到继承，非洲巡航的计划再次得到推进。在继位前七八年，若昂二世早已从几内亚贸易的收益中获得一部分收入，他也看到了上文所述的戈麦斯在五年契约期间是怎么赚钱的。再加上他即位那一年，教皇西克斯图斯四世在诏书中向葡萄牙保证了对非洲新发现的土地的所有权。这些都激起了他的热情。至此，非洲巡航终于开始显示出其作为葡萄牙国之大事的性质。一四八二年黄金海岸建成城堡，葡萄牙国王自封几内亚领主，并决定在新发现的地方树立石标柱。

第一个把石柱装上船的是迪奥戈·卡奥。一四八四年，他率领两艘船出发。这次探险是与德国宇宙学家马丁·贝海姆

---

[1] ducat，欧洲古代贸易用金币。——译者注

（1459—1507）同行的，故非常有名。他们在刚果河口竖立了第一根石柱，并溯流而上，成了繁华的刚果王国的第一位来访者。刚果的国王为了寻求基督教教义派遣了使者卡苏塔，卡苏塔还在葡萄牙接受了洗礼。但葡萄牙人把沿岸踏勘过的土地全都以葡萄牙国王的名义占领，为了培养翻译，他们还到处抓捕土著人。

从刚果往南前进两百里格，在卡博内格罗（南纬15°40′）竖起了第三根石柱后，他们结束了十九个月的探险，踏上了归途。贝海姆的功绩得到了极高的评价，被国王封为基督教骑士团骑士。

第二年的一四八六年，巴尔托洛梅乌·迪亚士率两艘五十吨大船出发。遵循不让一个指挥官所担之责过多这一准则，葡萄牙政府每回都会更换司令官。王子若昂作为第二艘船的船长同行。这次航海从刚果海岸直至好望角以东，他们派黑人妇女手持给土著的礼物登陆，一是为了窥探当地的情况，二是为了让她们宣传葡萄牙人的强大和非凡，并让她们宣称葡萄牙人是来寻找祭司王约翰之国的。这样做也许是为了让祭司王方面听到传言后能派人来迎接他们吧，不得不说祭司王约翰的传说在当时还是有着很大的影响力的。

这次的第一根石柱被竖在了鲸湾的北边。从那儿南下到圣赫勒拿湾时，他们遭遇了强暴风，向东南方向漂流了十三天，遭遇了令人惊骇的寒流与严寒。风平浪静以后，他们向东航行了数日，依然见不到陆地，就转舵往北，到达了非洲大陆的南端，又从那儿往东，从莫塞尔湾航行至阿尔戈阿湾，在那儿的小岛上竖起了石柱，以示他们探险所至的最前沿，但这时船员们已经疲惫不堪，要求船长返航，据说粮食也将告罄。但这对迪亚士来说却是遗憾至极的事情。毫无疑问他们已经绕过了非洲的最南端，此行未遇到太多困难就已达成目的，所以他答应船员，再往前航行两三天，如果海岸线还是没有折向北方就返航。就这样又航行了两天，到了比最前端的石柱还要往前二十五海里的地方，进入了大鱼河，终于在无可奈何之下，决定返航。据说迪亚士为此难过得抱着石柱哭了。其实在这儿，海岸线已经即将向北延伸。

归途中，迪亚士在好望角峰稍作停留。去的时候因为遭遇暴风雨，没有发现这个地方。他给这个地方取名为风暴角，而后若昂二世改名为好望角（Cabo da boa esperanza）。通往印度洋的门已经打开，于是人们确信，已经发现了通往香料之国的航道。迪亚士回到葡萄牙是在一四八七年末。

若昂国王另外还派了数人去叙利亚、埃及、印度。其中的佩罗·德·科维良从印度西岸周游至非洲东岸，他委托同为国王派出的一位犹太人带信回到葡萄牙，信中称，在几内亚海岸的葡萄牙船向南航行，到达非洲的南端后，应进入印度洋，向索法拉和马达加斯加航行。去往印度的航线从另一方面得到了确认。

但是在这条航道开通之前，哥伦布从西印度群岛回来了。若昂国王接见了哥伦布，听他谈了在西潘戈的见闻，又见到了他带回来的印第安人，觉得他应该是到了亚洲附近了。国王因此担心，哥伦布如果再次出航，或许会比葡萄牙人先到达香料之国。这样的话，恩里克王子以来大家所做的努力都将化为泡影。因此，若昂国王赶紧着手准备新的航海活动，但是他在航海活动实行之前，于一四九五年就去世了。

继位的是时年二十六岁、非常有胆略的曼努埃尔国王（1469—1521）。他立刻就想让人重新开始进行航海的准备，但结果还是拖到了一四九七年才准备好。前航海司令官迪亚士指挥装备了舰队的三艘前往印度的船（一百吨至一百二十吨，分别名为圣拉斐尔、圣加布里埃尔、圣米歇尔，船员人数有一百七十人、二百四十人、一百四十八人等几种说法）。新的司令官是瓦斯科·达·伽马。一四九七年初夏，临出发之际，司令官从葡萄牙国王那儿拿到了给祭司王约翰、印度卡利卡特的王以及其他各位君主的推荐信，这正式表明，这次航海是葡萄牙的国家行动。

迪亚士陪同他们来到了"绿色海角"，在那儿分道扬镳，伽马一行直航好望角。海上风高浪急，一个月之后，他们靠近陆地，想登陆好望角，但是没有成功，实际上这之后尚需数月的时间。他们又进入大洋，往南航行。由于船员已归心似箭，再加上身体的劳累，伽马几乎夜不成寐。不久，南半球进入冬季，白昼变短，一天差不多都是黑夜。船员们因恐惧与劳累而疲病交加，甚至已到了无力做饭的程度。船上的不满情绪蔓延，返航的情绪愈发强烈。但是伽马态度激烈地驳回了他们的要求。最后，船员们在寒冷中瑟瑟发抖，但还是坚持了下来，没有返航。

这位司令官的自信、决心、统率力是这个划时代计划的核心。

挺进未知世界，大洋航海只能依赖于科学的认知力量，在这过程中要保持毫不动摇的信心与决心，只有靠科学的推理能力才能做到。在这里，可见坚强的意志与强大的思考能力的密切结合，而性格上容易被迷信所左右的人，不管他的意志有多坚强，也不能成为探险家。

伽马为了在陆上测量纬度，进了圣赫勒拿湾。因为当时对观测器的使用还不熟练，船员们在摇晃的船上无法准确地测量。船队在持续数日的暴风雨中终于登上了好望角。之后，暴风雨也一直没停，航行困难的情况一直持续，使人昼夜不得休息。但是伽马称，在到达印度之前绝不会后退。船员们又开始动摇，他们看不到抵达印度的可能。"我们不想盲目被人逼入绝境。他只是一个人，我们才是大多数不是吗？"这成了他们谋反的理由。伽马通过一个水手的通风报信知道了谋反的事情后，设计抓住了叛变者，把他们锁了起来。当想到这些无知的家伙在干掉了自己和自己一方的领航员、舵手后，准备把船带向何方时，伽马不由得感到绝望的愤怒。他甚至想痛骂他们：把航海书扔进海里，没有舵手没有领航员，你们倒是试试看，能不能回去。

一四九八年正月，他们再次靠近陆地，修船、装水之后继续航海，到达科连特斯海角时，他们被湍急的莫桑比克海流带离海岸，没能靠近索法拉。好不容易进入了赞比西河口，在那儿遇到了懂阿拉伯语的浅肤色的混血儿，据说再往北走，海上航行更为盛行。终于进入阿拉伯人的贸易圈了，他们决定稍作休息，在这儿停留了一个月以修理船只，并让船员得到休息。

　　航行再次起航后，一行到达了莫桑比克的港口。这儿阿拉伯人的势力已经非常明显了。土著人穿着阿拉伯风的服装，酋长受到北方基卢瓦的阿拉伯人的支配，阿拉伯商人在莫桑比克岛上有仓库，与黑人之间的贸易很活跃。伽马通过翻译告知来意，称自己受基督教国家强大的国王派遣，已经在波涛汹涌的大海上航行了两年，现在离开同伴来寻找香料之国。因为对这一带海域不熟悉，希望国王能给他们派来可靠的领航员。这样的请求合情合理，于是伽马得到了生鲜食材、摩尔人达瓦内和领航员。但是阿拉伯人非常害怕这个商业上的竞争对手，所以开始在背后策动闹事。因此领航员很不可靠，双方不断发生各种各样的冲突，结果伽马一行带着不愉快离开了这个港口。

　　四月下旬，船队到达蒙巴萨，在这儿，他们也遇到了同样的情况。土著人的酋长起初非常亲切，不久就改变了态度。同样，这次背后好像也有阿拉伯人的阴谋。伽马趁着月夜逃出了港口，途中截了一条土著人的船，让其带领他们去北方的马林迪。

　　马林迪方面的态度非常友好。伽马穿着盛装，在礼炮声中登上当地的船只与马林迪的酋长见面，岸边、房屋都挤满了围观的人。伽马给酋长赠送了剑、枪与盾，酋长也答应提供补给与休养之所。后来伽马去城中拜访了酋长，据说当时酋长对他说，可以借给他去印度的领航员，但是希望不要将香料的购买价抬得太高，否则会影响行情。在他们出发前，酋长到他们的船上来拜访。

这样，一四九八年四月二十四号他们扬帆出发，乘着西南季风，二十二天就到了印度，五月二十日到达当时印度西岸最繁华的贸易港卡利卡特。

当时的印度在长达数世纪的伊斯兰统治下已经分裂成了无数的王国，以卡利卡特为首府的马拉巴尔，其领土分布在印度南端西海岸三四百公里的狭长地带上，因贸易隆盛而被称为海上的君主（Samudrin, Samorin）之国[1]，十四世纪以来，卡利卡特作为香料的贸易港被称为西岸的第一大港，其繁荣主要是由阿拉伯商人和他们的货船支撑的。其对西欧的输出都被阿拉伯商人垄断，经由埃及、地中海各个港口运到欧洲。在这个印度的港口里也有阿拉伯人的居留地，居住者达到四千多户。

伽马和他的舰队一头冲进了这个阿拉伯人在印度的贸易中心地。几个世纪中，伊斯兰在西方不断遭到反击，不久前，他们终于连在欧洲的最后一个根据地也失去了。如今这种反击甚至波及向来平静的东方贸易圈，阿拉伯人感到非常震惊。因此，这之后展开的印度贸易就具有了这样的意义：以前以西欧为舞台的旧的对立，现在以印度为舞台有了新的进展。

但是伽马表面上寻求的是与海上的君主 —— 卡利卡特国王建立和平通商的关系。不过，不可否认的是，伽马在当时是带了

---

[1] 海上的君主之国，指扎莫林（Zamorin），来源于马拉雅拉姆语中的 Samuthri Raja，意思是"统治大海和山川的人"。—— 审校注

几分恫吓的。他最初派使者去告知来意时是这么说的：西洋最强大的基督教国王为了购买胡椒和药品派出了有五十艘舰船的大舰队，我们是其中一部分，因为被暴风吹散，所以只有我们几艘来到了这儿。接下来伽马又派第三船长奎洛去拜见国王，提议开展自由的贸易与和平的交往，并称如果能得到国王的保证，提督将呈上礼物与葡萄牙国王的书简。当时奎洛请求谒见国王时态度相当强硬，并强行要求得到国王的回应。据说国王周围的人确实并不乐见这一新的关系，但是国王答应了他的请求。结果伽马正式谒见了国王，并呈上了曼努埃尔国王希望友好交往与和平通商的书简。这封书简得到了国王的正式回应。于是他们在这儿建起了商馆，并由此开始了西欧人在印度最初的贸易。葡萄牙人因为价格便宜而欢喜，卡利卡特人也很高兴，因为基督教徒用加倍的钱来购买，对品质也不像阿拉伯人那样细查。但是，也有人——阿拉伯人高兴不起来。在他们看来，真正的商人是不会用两倍的钱来购买劣质商品的，恐怕这所谓的贸易只不过是一个借口罢了。一般认为，商人们基于这样的见解开始策划阴谋。

首先是拖延伽马的交易，使用手段在阿拉伯的商船队抵达之前拖住他们。洞察了这一阴谋的伽马决定在装货完成前就离开。这时应国王的要求，伽马再次与国王见了面，见面之时发生了一件事情。当时有传言称葡萄牙人是海盗，国王要求伽马自辩。伽马称，葡萄牙国王慕海上君主之盛名，为了建立友好交往的关系并进行香料贸易，更为了传播基督教的教义，不远万里派出舰船来到这里。阿拉伯人在欧洲是葡萄牙人生来的敌人，在这儿，他们也要加害葡萄牙人。为了避免战争，伽马请求国王能保护他们不被阿拉伯人的阴谋所害，他也希望国王小心，不要被阿拉伯人卷入纠纷。国王表面上对他表示了理解，但是伽马在归途中被信伊斯兰教的总督派人逮捕，并以保护之名被软禁了起来。一旦葡萄牙人因遭受此辱而愤怒出手，阿拉伯人就可以将他们全部歼灭了，但是伽马的反应非常冷静。阿拉伯人要求杀了伽马，但是总督认为不能无缘无故杀人，最后伽马将商馆馆长留下来当人质，自己才回到了船上。他后来策划过将人质偷出来的计划，但没有成功，反而在骚乱中，商馆的仓库被人洗劫一空。不过人质最终用劫持的出海渔民给换回来了。这次的纠纷双方不分胜负。伽马留下了一句必将复仇的誓言后，离开了这个地方。

这种小型冲突为后来的大规模争斗播下了种子。葡萄牙人闯进未知的世界，打开了通往印度的航道的同时，也在印度这块土地上展开了与摩尔人的战斗。前文所述的航海家恩里克王子的动机之一在这儿开始成为现实。

伽马之后在北方的坎努尔满载了货物，去果阿南边的小岛修了船，在一四九八年接近年末之时，乘东北季风穿过印度洋，于翌年的一四九九年一月八日到达马林迪，回到里斯本则是在这一年的九月。他在故国受到了非常隆重的欢迎。伽马被授予伯爵与印度洋提督之衔，获得不少特权与赏赐。他的部下也都报酬颇丰。为了欢迎他们，国内举办了盛大的游行和弥撒，每次国王都亲自出席。

这充分显示了葡萄牙国民对发现印度航路的评价之高。恩里克王子所开创的事业经过坚持不懈的奋斗终于完成了，而国民非常清楚地感觉到了这一点。

四 对印度洋制海权的争夺

这一事业的完成同时也是新的海洋事业的起点。要想持续进行印度贸易，就要有与长期独占香料的摩尔人进行真格斗争的决心。而信仰上的敌对关系使这场争斗变得极为严峻，看不到有和平解决问题的可能性。那么，在这儿经商，就必须要武装好自己，做好战斗的准备，而这样的话就必须具备有威慑力的舰队。

于是，（葡萄牙）政府建造了一支由十艘大船和三艘小船组成的新舰队，伽马参与了计划与监督工作，但没有成为司令官，司令官是他的一个朋友佩德罗·阿尔瓦雷斯·卡布拉尔，舰队共搭载了一千二百人，是上一次航海人数的五倍乃至八倍。其中也有传教士和商人。

卡布拉尔指挥的这次航海，于一五〇〇年三月九日出发，途中到过巴西的海岸线，派了一艘船回去报告（在绿色海角已经派了一艘回去，故这是第二艘），之后在驶向好望角途中遭遇暴风雨，在二十多天与暴风雨的斗争中，有四条船失事，另外加上在马达加斯加东边走失的船只，卡布拉尔手里最后只剩下了六艘船。他们在八月用了十六天的时间横渡了印度洋，在果阿南方的小岛上休整之后，带着六艘船出现在了卡利卡特。国王又恢复了温和的态度，交易得以恢复，但很不活跃。这想来还是摩尔人的拖延政策造成的吧。整整三个月只装满了两船的货，卡布拉尔的怒火终于爆发了，他开始对穆斯林的商船进行强行搜查，虽然在那儿也没找到货物，但是这成为了一场骚乱的导火线。被摩尔人煽动的民众发起了暴动，他们掠夺了商船，杀死了商馆长。于是卡布拉尔焚毁了停泊中的十五艘船，并向着卡利卡特城内炮击了一整天。战火就此被点燃了。

后来卡布拉尔在科钦、克兰加努尔等其他港口装上货，于一五〇一年一月十六日返航，在归途中又损失了一艘船，最后率领五艘船回到了里斯本。即使是这样，据说他们运回的货物带来的利益还是足够填补损失。因此，就印度航路是否该保留这个问题进行了各种讨论后，最后决定继续保留。他们有印度的盟邦，有欧洲船坚炮利的优势，压制伊斯兰、在香料国建立一个根据地也并非不可能之事。这对于异教徒的教化工作也是不可或缺的。为此就更需要强有力的舰队，这是讨论得出的结论。

在卡布拉尔回到葡萄牙之前，国王已经派了一支由四艘船组成的舰队去往印度，现在又组建了一支由二十艘舰船组成的舰队，载八百名士兵，再次以伽马为司令官，命他们于一五〇二年二月与四月开启了航程。伽马这次表现得非常好战，到处耀武扬威。八月横渡印度洋后，舰队停泊在果阿附近。在此期间，他们劫掠所有经过的船只，火攻印度船。据说在从那儿南下去坎纳诺尔的途中，他们肆意劫掠了一艘满载商品与巡礼者回印度的大船，屠杀放火，击沉船只，可以说是残虐无道，无恶不作。这艘船是埃及的苏丹或其部下所有的，事件发生后埃及方面立刻向教皇提出了抗议。伽马在坎纳诺尔受到了款待，但是他也下令禁止这个城市与红海方面的贸易和与卡利卡特之间的通商。在从坎纳诺尔去卡利卡特的路上，海上的君主出于恐惧向他求和，对此，伽马提出了两条要求：归还此前骚乱中商馆长遇害时被劫走的财产；禁止从红海来的摩尔人入港。海上君主答复称希望能将前者与他们掠夺麦加船只这一事件相抵，而对于后者，他回答说，要驱逐四千多户的阿拉伯人是不可能的。伽马非常愤怒，回答说他会亲自前往回复，就率领他的舰队挺进到了卡利卡特城前。海上的君主惊慌之下，提出愿意支付赔偿金，但被伽马以金钱无法洗掉耻辱为由驳回。据说葡萄牙人在那儿干尽了残忍之事，在葡萄牙人内部也有人因不忍而动摇踟蹰。两次炮击卡利卡特城，不是为了和平，而是为了让对方臣服，这就是伽马的态度。

海上君主之国准备在全国展开复仇战。他们先在所有的河道内建了大大小小的军舰，然后设计诱使伽马的船单独靠近后乘夜袭击。伽马巧妙地逃脱了。后来在伽马从科钦装了货前往坎纳诺尔的途中，海上君主之国又伏击了他，但也被伽马的大炮给击退了。他们的船只数量虽多，但在武器方面却是不堪一击。

在这样的形势下，伽马留下由五艘大船两艘小船组成的舰队在印度沿岸巡航，自己踏上了归途，于一五〇三年九月回到了里斯本。

留在印度的舰队为了封锁阿拉伯人的贸易通道而前往红海入口时，海上君主趁机袭击并占领了科钦。而留在那儿的葡萄牙舰队在七八月时由于遭遇暴风雨，船只严重受损，丧失了战斗力，故无法去解救科钦。但是在伽马抵达葡萄牙之前的一五〇三年四月六日，著名的阿方索·德·阿尔布克尔克和弗朗西斯科·德·阿尔布克尔克各率领三艘船出发，八月已经到达了马拉巴尔的海岸。阿方索夺回了科钦，在那儿建了第一个葡萄牙的要塞。第二年的一月末在回航时直接去了莫桑比克，九月初回到了里斯本。弗朗西斯科由于在归途中船只失事而没有回去。

紧跟着阿尔布克尔克之后，又有三艘船组成的舰队开始在红海巡航，中途干了些海盗的勾当，没立下什么功绩。但一五〇四年出发的由十三艘船组成的舰队，满载军需品与一千二百名乘员于八月抵达。在阿方索归国后的几年里，卡利卡特国王曾陆续派出六万多士兵再次围攻科钦，守城的仅有一百六十名葡萄牙士兵，但仍然没能攻破。大炮的威力不够是个原因，土著人的战术过于幼稚也是一个原因。新来的舰队对着卡利卡特城炮轰了两天，在坎纳诺尔附近打败了阿拉伯人的舰队后，装了满满的货物，于一五〇五年七月回到了里斯本，印度的海上只留下了五艘舰船三百名乘员，另外还有防守科钦、坎纳诺尔、奎隆等地的二百五十名士兵。

如上所述，伽马打通印度航线后仅仅四五年间，印度洋上空已是战云密布。因此而深受打击的埃及苏丹一面派人向教皇抗议，一面着手建造舰队以备决战。在向教皇发出的抗议中，他指责了阿拉贡的费迪南德国王残酷对待西班牙境内的摩尔人，也指责了葡萄牙的曼努埃尔国王对印度的伊斯兰教徒和阿拉伯人所施加的伤害，并声称如果这几个国王不放弃对伊斯兰的仇恨，苏丹也将不得不对自己国家境内的基督教徒以眼还眼，以牙还牙。而如果教皇不制止曼努埃尔国王派遣舰队进入印度，那么苏丹也将率领舰队破坏地中海沿岸各地并向基督徒复仇。教皇向两个国王转达了苏丹之意，但是曼努埃尔国王的回答极为强硬：我们决定用舰队开辟通往印度之路，探寻我们的祖先不曾知道的各个国家，我们的目标就是，消灭借助恶魔在人间散播烦恼的"穆罕默德教"；面对苏丹的恐吓，最好的回答就是，召集新的十字军；我们绝不会在恐吓之下放弃为我们的信仰而战。这样一来，就不可能和解了。苏丹派遣的由二十五艘舰船组成的舰队前往小亚细亚的海岸索取造船木材时，在罗德岛遭到圣约翰骑士团伏击，又遭遇暴风雨，多艘舰船失事，仅余十艘舰船完成了任务。最后只建造了六艘大船，四艘小船。

葡萄牙人为了备战，采取了各种各样的对策。一个对策是为了给司令官的地位以持续性而设立了"副王"的制度，被任命为第一任副王的是弗朗西斯科·德·阿尔梅达。让舰队常驻印度，只派货船回国也是对策之一。在新方针下，阿尔梅达率领的舰队有二十艘以上的舰船，舰上载有一千五百名必须服役三年以上的士兵，最大的军舰有四百吨。

这一舰队于一五〇五年三月末出发，七月中旬到达莫桑比克，从那儿开始军事行动。首先征服了阿拉伯人的根据地基卢瓦，并在那儿建筑城堡，留下守备队和大炮后离开。接下来他们在蒙巴萨遇到了一点抵抗，所以劫掠了这个地方后又放了一把火将之焚毁。在印度沿岸，他们先在果阿南方的安吉迪乌岛上建筑城堡，接下来在南方奥诺尔港纵火烧毁了停泊在港口中的船和城市。阿尔梅达在十月末抵达坎纳诺尔登上"副王"之位。他在这个城市也筑了城堡，派一百五十个士兵防守。当时正好在南方的奎隆发生了一起事件，在二十艘阿拉伯船入港之际，葡萄牙商馆人员被杀害了。因此，副王之子洛伦索率领由八艘船组成的舰队快速赶到，将阿拉伯舰队全歼。副王本人到达科钦后，在曼努埃尔国王的名义下为科钦王举行了加冕典礼，并承诺在这个地方建设石头城堡。

这一年的年末至一五〇六年的年初，有八艘货船满载香料，踏上归途。它们将在半年或十个月后安全抵达里斯本，葡萄牙国民将迎接它们凯旋。而留在印度的副王，则着手进攻阿拉伯的舰队。洛伦索于该年三月在坎纳诺尔港外打败了卡利卡特国王的两百艘战船的舰队。正当此时，在孟加拉湾到马六甲、爪哇一带游历的威尼斯人卢多维科·迪·瓦尔泰马来访，谈到了各地的情况。

葡萄牙人发现阿拉伯商船改变了以前的航路，经由马尔代夫群岛到达锡兰以获得东方的物产。因此，副王再次派洛伦索去切断这条航路，但是由于弄错目标到了锡兰，只得不了了之。不过阿尔梅达的方针是在印度西岸要地建立葡萄牙的势力，因此并不想随便挑起事端或扩大势力范围。

然而葡萄牙国内的想法与此不同，他们认为，只要信仰之敌阿拉伯人还在那儿出没，那么印度洋所有的沿岸地带都应该被攻击、征服。把这一想法付诸实施的是曾去过一次印度的阿方索·德·阿尔布克尔克。他的舰队在阿尔梅达之后的第二阵出发，最初是率领了由八艘船组成的舰队，前往开发非洲东海岸，但是没有成功。第二次是一五○六年初，阿尔布克尔克率领五艘军舰、一千三百名士兵，与由十艘货船组成的船队一起出发。船队直接去印度，而舰队本应该开往红海入口、波斯湾的，但这一年年底他们尚在马达加斯加探险，又在对索科特拉岛的经营治理中迎来了第二年的夏天。这样分散海上的势力是阿尔梅达的大忌，果然，印度沿岸的根据地陷入了种种危机。

其中一个危机便是坎纳诺尔的反叛。对葡萄牙比较友好的前国王死去，新的继承人继位后，发生了一起事件。葡萄牙人的船长击沉了一艘坎纳诺尔船只，激怒了坎纳诺尔国王，他与卡利卡特结盟围攻了葡萄牙人的城堡。守城的士兵非常勇敢，他们在坚持了四个月后，终于等到了迟到一年之久的船队，解了围城之困。这是一五○七年八月末的事情。

另一个危机是洛伦索·德·阿尔梅达在焦尔（在孟买南方）战死。洛伦索是为了香料交易到焦尔去的，正好碰上前文所述的埃及舰队大举逼近。北方古吉拉特国王的提督（Melek Aias或Ass，据说大概是俄国人，第乌港的总督）率四十艘快船依附埃及阵营。洛伦索将这一联合舰队误判为阿尔布克尔克的舰队，结果他们不得不在船还停泊在港口的情况下仓促应战。面对占压倒性优势的敌人，洛伦索英勇奋战，最后战死在战场。副王听了好不容易逃回去的其他船只人员的报告，立即召集了整个舰队的人，策划向对方复仇。但是他们的计划没有马上取得进展，埃及舰队在第乌过了冬。

在这些事件发生的时候，阿尔布克尔克正在波斯湾的入口处到处侵扰。一五〇七年八月下旬，他率七艘船四百名兵士从索科特拉出发，对阿曼湾沿岸阿拉伯国家的商港依次进行攻击与破坏，这些城市数世纪以来通过与印度之间的贸易获得了相当程度的繁荣，全然没有对基督教的敌对行为，但因为它们是阿拉伯人的城市，对阿尔布克尔克来说，这就意味着是信仰上的敌人，因此有必要让它们见识一下欧洲武器的优越性。这些放火破坏、屠杀俘虏的残虐行为在他们本国葡萄牙没有受到任何非难。人们认为，他们是为了神圣的信仰而战，神与他们同在，对那些抵抗的敌人不管多残忍也是理所当然的。

就这样，九月末，葡萄牙舰队出现在霍尔木兹。这儿有三万名守备兵士，其中包括四千名波斯弓箭兵。阿尔布克尔克这边在大炮齐发中突然闯入港口。他要求对方投降，承认葡萄牙的主权，并恐吓说如果不服从的话，将毁灭整个城市。这个要求被拒绝后，他就击沉了港口里的商船。对方派出二百艘配备了弓箭手的小船进行袭击，但这些在葡萄牙人的大炮前根本不堪一击。因此整个城市投降，承认了葡萄牙的主权，答应每年向葡萄牙进贡，并允许葡萄牙人在当地建设要塞。十月份要塞的修建已经开始，但是阿尔布克尔克的部下们还是希望拦截商船或在印度从事香料贸易，所以渐渐有了脱离阿尔布克尔克之心。在舰队的上下不和中发生了城市反叛事件，有三艘军舰乘机擅自解缆驶向印度。阿尔布克尔克不得不退回索科特拉过冬。

而这个时候副王阿尔梅达正策划在印度沿岸与埃及的舰队一决胜负。对于不喜分散葡萄牙舰队势力的阿尔梅达来说，阿尔布克尔克远征波斯湾之举是非常令人不快的。他接受了脱离阿尔布克尔克舰队前来的三艘军舰船长的上诉，并在一五○八年五月命令调查这一事件。调查结果使他更为确信阿尔布克尔克的暴行已经损害了葡萄牙国王的利益。所以他给霍尔木兹的摄政王送去书信，信中称自己对阿尔布克尔克发动战争造成损害的行为感到不快，并表示会保证霍尔木兹贸易船的安全。

而阿尔布克尔克方面呢，索科特拉不仅没有起到根据地的作用，反而因为要进行救援而不得不在那儿磨蹭到了一五○八年的盛夏。这时，里斯本派来的援军抵达，与残留的士兵加起来，他手里有了三百名士兵，就再次向霍尔木兹发起了进攻，九月的时候兵临港口。霍尔木兹的城塞在前年建成，配备了由逃兵铸造的大炮。因此阿尔布克尔克只能对港口进行封锁。而且阿尔梅达给他的信也已经送到了他的面前。这次行动没能达到什么战果，阿尔布克尔克就收兵前往印度了。他与副王十二月见了面。

　　副王的任期在这一年的十二月结束，接下来应该是阿尔布克尔克任总司令官。但是阿尔梅达在与埃及舰队的决战——为儿子的复仇之战还没结束前还不想离任。再加上本来要来接他回国的船只（豪尔赫·德·阿吉亚尔率领的由十三艘船组成的船队的旗舰圣若昂号）在非洲东海岸沉没，故没有在预定的时间到达等等原因，总之，即将卸任的阿尔梅达在十二月十二日北上，所率船队共有二十三艘，一千六百名士兵。首先他们在年内攻打了达布尔，据说这个城市遭受了前所未有的破坏，这件事流传了很久。不久，他们于一五〇九年二月二日到达第乌。当时港口里除了埃及的舰队外，还有古吉拉特提督的舰队和从卡利卡特赶来支援的舰队。第二日，阿尔梅达冲进港口内，专门攻击埃及的舰队，他们依次登上舰船，将其逐个击沉，埃及的司令官千辛万苦总算逃了出来，骑马逃走了。印度人的舰队袖手旁观战争形势，而阿尔梅达虽然跟他们有杀子之仇，却也没有对他们发动攻击。他可能是担心会与古吉拉特的国王陷入纷争吧。阿尔梅达的目的是把信仰伊斯兰的埃及人从印度的海洋赶走，他希望能与印度诸王恢复友好交往关系。看到他的这一态度，印度方面也伸出了和解之手。阿尔梅达接走了洛伦索战死之际被俘的自己阵营的人，就这样返回了科钦。

阿尔布克尔克再次要求阿尔梅达交出指挥权，但是阿尔梅达以迎接他回国的船尚未到来为由而一再犹豫。由此可见，在他的眼中，阿尔布克尔克是何等危险的人物。但是，一五〇九年秋，从葡萄牙本国出发的费尔南·科蒂尼奥率领有十四艘战舰的船队到达，带来了更迭司令官的明确命令，阿尔梅达终于卸任。这样，怀揣着对自己在印度的统治方针即将被废弃之悲痛，阿尔梅达在十二月踏上了归国之途。途中，他在非洲西海岸遭遇不测，死于当地土著人之手。

五 征服印度

随着阿尔布克尔克就任总司令之职，统治方针果然发生了变化：一直以来驱逐伊斯兰势力的方针现在变为征服印度诸港的侵略性方针。这是打通印度航路成为国之大事后必然出现的结果。

为进攻卡利卡特做准备一事被迅速提上了日程。这也是曼努埃尔国王的命令。新来的马歇尔·科蒂尼奥是个对贸易毫无兴趣的纯粹的军人，他为能参战而大喜。于是，一五一〇年的一月，载着两千名士兵的联合舰队出现在卡利卡特前，并在敌前强行登陆。他们先夺取海边的城堡，然后侵入城内，占领了王宫。科蒂尼奥以为至此已大获全胜，就解散了士兵，允许他们到处掠夺，这时候，印度军转守为攻，包围了王宫，并到处袭击分散的葡萄牙士兵。科蒂尼奥与他的部下一起倒在了这次战役里。跟在他后面的阿尔布克尔克则身受重伤，勉强逃命。这次的卡利卡特攻击战以完败告终。

阿尔布克尔克率领包括科蒂尼奥舰队在内的残部撤退到科钦，一边养伤一边着手备战。至一月末，阿尔布克尔克完成了二十一艘船的装备，装作这次是遵从国王的命令向红海进军，以迎击埃及的新舰队，但是其实暗中却在策划攻击果阿。他凭借自己十年来的经验清楚地看到，不论目的是从非洲渡海至印度，还是控制印度洋，果阿都是最适合的港口，因此果阿成为其攻击的目标，但这不是为了与伊斯兰教徒作战，而是为了攻占印度。

阿尔布克尔克率领舰队甫至海港的入口，就马上派出武装小艇侦察敌情。比贾普尔的国王阿迪勒·沙阿在这个城市布置的兵力不多，所以侦察队发动突然袭击，占领了这个城市。阿迪勒·沙阿的军队告诉市民们不要抵抗后，就从这个城市撤退了。翌日，市民们向阿尔布克尔克请降，阿尔布克尔克占领了城市。舰队也进入了港口，准备在这儿长期停泊，连一些船用索具都已经收拾了起来。但是在此期间，比贾普尔的国王调集了大军，前来解救，葡萄牙人不得不离开城市，退回船上。三月底，印度军开始着手切断舰队的退路，他们将通往大海的运河以沉船阻塞，然后将点了火的小筏从河的上游放流，以火攻葡萄牙的舰船，阿尔布克尔克不得不决定撤退。但是撤退也非常困难，要把舰船一艘一艘从沉船的间隙退出去，其间从两岸的堡垒不断地投来火球，为此不得不攻克两岸的堡垒，攻克后，又有浅滩阻断了舰队的退路。因为完全没有陆地上的支援，所以食料和水渐渐难以为继，甚至到了不得不捕鼠而食的地步。最初成功发动奇袭的勇士们战死了，士气十分低落，还出现了逃兵。但阿尔布克尔克身处其中却毫不气馁，激励了士兵们的斗志。八月，他们终于越过浅滩，成功入海。但是这次的战役不得不说是一次完全的失败。

阿尔布克尔克退到坎纳诺尔休养期间，从本国又来了两个船队，一个是奉命去马六甲市场（前一年在阿尔梅达的支援下迪奥戈·洛佩斯·德·塞凯拉到过那儿）巡视的瓦斯科贡塞洛斯率领的舰队，由四艘舰船级成，一个是贡萨洛·德·塞凯拉率领的七艘商船船队。阿尔布克尔克因援军的到来而精神大振，考虑再次进攻果阿。瓦斯科贡塞洛斯表示愿意参加作战，而塞凯拉拒绝了，理由是所率之船的船主大多只想做生意，而且他又急于去解除为海上君主所围的科钦之急。阿尔布克尔克就先去科钦将事情轻松解决，然后于一五一〇年十月十二号在科钦召集全体队长开了战争商讨会。议题是商船在科钦装货期间，能否让富余人手参加果阿攻击军。在这个问题上，前一年参加了马六甲探险的斐尔南·麦哲伦坚决赞成塞凯拉的意见，理由是，现在刮的是逆风，因此十一月八日以前抵达果阿是非常困难的，那么参战的人就赶不上归航的日期，而如果等这些人回来就会错过季风，这是一个两难的问题。对此，阿尔布克尔克断言，明天立刻出发，可以让他们赶上归航的日期（实际上到达果阿已经是十一月二十日以后了）。

但是意见最后还是没有统一，阿尔布克尔克只得到了部分人的同意。因为这件事，阿尔布克尔克恨上了麦哲伦，而麦哲伦好像不久后也就离开了印度。据说这是让麦哲伦出走西班牙，利用西班牙船成功实现了环球航行之壮举的间接原因。可以说与这位杰出的"探险家"的个性不合，正是阿尔布克尔克的个性所在了。

阿尔布克尔克率领二十三艘舰船一千六百名兵士于十一月二十日出现在果阿，二十五日攻下城堡，占领岛屿，然后开始周密地攻击城内各地，无论男女老幼，不管是什么，只要是与伊斯兰相关的全部歼灭，关满了俘虏的清真寺也直接放火焚毁。这么做的目的之一是为了用事实证明伊斯兰的神没有力量拯救他们。

阿尔布克尔克在那儿建了一个坚固的石城，里面建了葡萄牙人的居留地。这成为印度葡萄牙势力的中心地区。周围的印度诸王看清了形势，纷纷伸出了手，欲建立友好关系，如：坎贝、古吉拉特、比斯纳加等，连卡利卡特也派来了使者。埃及的司令官认为在印度得胜已无望，故将舰队撤退到了开罗。苏丹也暂时停止建造新的舰队。攻占果阿的效果非常显著，换句话说，与伊斯兰教徒之间的战争的性质已变为对印度的攻占，但这反而使他们的目的得以实现。

果阿不仅有四百名守备兵常驻，而且它真正成为了葡萄牙国王所有的葡萄牙城市。印度诸王也不得不承认这一点。不久之后，葡萄牙人不仅开始铸造货币，而且印度的货币如果盖上葡萄牙的印戳也可以当作贸易货币使用。但是，阿尔布克尔克并没有考虑通过和平的方式来扩大其权力。他接下来的目标是征服马六甲。这个目标不实现的话，就无法垄断香料贸易。

六 征服马六甲

与马六甲接触是在进攻果阿前的一五〇九年的秋天。迪奥戈·洛佩斯·德·塞凯拉得到阿尔梅达的支援，率五艘战船远征到过这里。城中的中国人率先友好地迎接了他们。他们不带偏见地与新来的欧洲人交往，其习惯也与欧洲相近。马来人苏丹马哈茂德也同意进行自由贸易。但后来，这一局面却被人引导走向一场阴谋，据说这背后也有阿拉伯人的身影。后来出现了袭击葡萄牙人的事件，舰队只击沉了两三艘敌船就撤退了。

为了夺取马六甲，阿尔布克尔克率大舰队前来，欲形成压倒之势。曼努埃尔国王还是命令他去封锁红海的航路，但由于是逆季风，不太顺利，于是舰队还是顺风而行驶向了马六甲。这是一五一一年春天的事，舰队共有十九艘舰船、八百名兵士再加上六百名印度的辅助队员。到达马六甲是在七月一日。葡萄牙人先提出了归还俘虏的要求，被拒绝后就焚毁了岸边的人家和港口里的船只。苏丹于是归还了俘虏，城中的人也希望能缔结和约，但是，阿尔布克尔克不仅提出要求赔偿塞凯拉的损失，还要求赔偿三十万克鲁萨多（1克鲁萨多约等于2先令4便士）的战争费用以及允许建造城塞。对于这个过分的要求，苏丹阵营的意见出现了分歧。一部分人不希望战争对商业造成损害，故主张议和并赔偿；而另一部分则担心如果接受葡萄牙人的要求会令国王的权威荡然无存，故他们力主开战。有三万兵士、八千台大炮和欧洲人没见过的战象，这样还怕打不退敌人吗？最后主战派占了上风，七月二十五日开始巷战。葡萄牙军对马来军构成了相当大的压力，但是最后还是不得不退到船上。八月十日再次发起了攻击，经过九天的巷战，市街渐次落入葡萄牙人之手。葡萄牙人毫不留情地处置了摩尔人。阿尔布克尔克为了慰劳部下，还允许他们三天之内到处掠夺。这次缴获的大炮多达三千门。

阿尔布克尔克在这儿建造了石城，使用的是清真寺和王宫的石材。为了恢复贸易，他任命土著人当港务长，铸造金银货币。又致力于与东亚各国建立友好关系。他派使者去了暹罗，也派人去了勃固，而苏门答腊和爪哇的诸王则主动向他示好。他也想派使者去中国，不过后来推迟了（但是商船在一五一五年已经到达了中国）。

一五一一年末阿尔布克尔克又派了一个小舰队去香料之岛摩鹿加群岛探险。他本人则在一五一二年正月，在马六甲留了三百守备兵和十艘战舰后，率领三艘舰船出发前往印度，但途中在苏门答腊沿岸因触礁而失去了船只，历尽艰辛才于二月一日到达科钦。

七　殖民地攻略

在阿尔布克尔克离开果阿期间，果阿再次被印度军包围，双方小冲突不断，守城的葡萄牙人疲惫不堪。所幸一五一二年夏天陆续有船只从本国前来，八月甚至来了一支载着一千八百名兵士、由十三艘船组成的舰队。得到支援的葡萄牙人得以再次转入攻势。阿尔布克尔克在解决了商船队的事情之后，于九月中旬率领十六艘舰船缓缓来到果阿，一举改变了形势。他们能赢得这么轻松，是因为印度诸王不仅互相之间关系糟糕，面对外敌不团结，甚至还争先恐后要跟葡萄牙人搞好关系。比如，马就是一个很好的例子：印度诸王的军队以骑兵为主，但是马的进口现在却被果阿垄断了。而这一点也是果阿作为商港开始繁荣的原因。

阿尔布克尔克征服马六甲给欧洲留下了非同寻常的印象。尤其是一五一三年曼努埃尔国王派到罗马的盛大使节团更是加深了这一印象。使节团里有从印度来的象和豹，一五一四年三月快进入罗马的时候，礼炮声响彻整个城市，教皇出现在宫殿的窗前，欢迎队伍的到来。大象向他屈膝三次表示敬意，周围挤满了聚集围观的人，他们都对此目瞪口呆。第二天的谒见式上，葡萄牙使节发表了关于征服印度的华丽演说，赞颂了阿尔布克尔克的战功，称在印度取得的胜利是宗教的胜利，现在十字军要进军遥远的东方，而葡萄牙的武力已经能使基督教思想扩展到遥远的地方。这使阿尔布克尔克的功绩得到承认，可以说当时是他名声籍甚之时。

但是在葡萄牙本国，人们无法理解印度司令官为何要牺牲大量金钱与鲜血去维持果阿。其中阿尔布克尔克的反对者们散布的谣言也出了不少力。"果阿是不健康之地，为了维持果阿不仅会浪费很多钱，还会造成与印度诸王之间纷争不断。"国王听了这一意见后，命令总司令官反省。但是，阿尔布克尔克把夺回果阿看得非常重要。他的意见是：这一胜利比过去十五年间被派到印度的舰队所做的所有工作都要有效。如果陆地上没有坚固的立脚点，葡萄牙人在印度的势力就无法长期保持。科钦、坎纳诺尔等所有其他城市，其意义、价值根本无法与果阿相比。如果放弃果阿的话，那么葡萄牙对印度的控制也将结束。虽然知道自己在本国有敌人，但不管怎样，希望国王不要偏听他们的话。阿尔布克尔克现在已经确信，要想获得印度的制海权，必须先实现对陆地的支配。与阿尔梅达的见解相比，很明显他已经开始向掠夺殖民地的方向迈进了。但是在与本国的见解相对立这一点上可以说阿尔布克尔克与阿尔梅达陷入了同样的困境。

但是在最后的败局来临之前，他还是发动了两次远征。一次是不得不奉国王之命，去红海远征。一五一三年二月他率舰船二十艘、葡萄牙士兵一千七百人以及印度士兵八百人出发。从索科特拉往西的海域是自古以来欧洲人没去过的地方，航道也不为人所知，而他就踏入了那个地方。首先攻击了亚丁，完败，于是进入红海，到达北方的卡马兰群岛，八月回到印度。第二次也是执行国王的命令，去霍尔木兹远征，这是阿尔布克尔克本人也非常感兴趣的。一五一五年二月，他率领二十七艘舰船，一千五百名葡萄牙兵士、七百名印度兵士出发了。说起来，七年前他的第二次霍尔木兹攻击战由于副王阿尔梅达的阻挠而失败了，这次却轻易占领了霍尔木兹，把那里手握政权的波斯人赶走，并将政权还给了那儿的老君主。在那儿待了数月，处理了占领后的一些事务，八月，他染上了痢疾。治疗过程也不太理想，故决定返回印度。他于十一月启程，途中遇到了一艘阿拉伯船，获知洛波·苏亚雷斯已被任命为下一任总司令官。

这对阿尔布克尔克是一个非常大的打击。显然，国王终究还是听信了他的敌人们的一面之词。他们到处散布说，阿尔布克尔克想要成为整个印度的独立君主，为此他只安排他的亲属担任要职。的确，他在马六甲和霍尔木兹都任命了自己的侄子担任司令官。阿尔布克尔克在本国树敌众多，没有人为他辩护，但是国王也没有完全采信这些非议，而是不偏不倚决定将他召还。但是继任的司令官及其他干部的人选中有的是曾经对抗过阿尔布克尔克，或者曾经因为犯罪被作为犯人送回葡萄牙的人，这深深地伤害了阿尔布克尔克。他失去了求生之力，在船航行到能看到果阿的地方后，咽下了最后一口气。

阿尔布克尔克虽然失势而亡，但是他将航海家恩里克王子开创的事业发展到葡萄牙攻占印度的形式，这有着长远的意义。之后虽然是他的对手继任了印度总司令，但是那位对手所做的工作总的来说也只是把阿尔布克尔克开启的殖民地经营继续下去而已。

使阿尔布克尔克愤慨而亡的洛波·苏亚雷斯·德·阿尔贝加里亚担任总司令官一职至一五一八年。他追随前任司令官，于一五一六年率由三十七艘舰船组成的大舰队多次尝试远征红海，但都以失败告终。他到达了红海（东海岸）中部的吉达，但是港口一直久攻不下，这时在埃及发生了苏丹被土耳其人杀死的事件，阿尔贝加里亚认为阿拉伯人对印度的威胁已经解除，所以引兵而退。队伍在归途中遭遇暴风、饥荒、疫病，损失惨重。阿尔贝加里亚在任期间，仅有的成功是占领了锡兰岛的科隆坡。在他之后继任总督的是前文提到的去马六甲探险的迪奥戈·洛佩斯·德·塞凯拉，他在任上做到了一五二一年。这位总督也奉国王之命远征红海。因为听闻在埃及的土耳其人正谋划远征印度，所以有了这次出征，结果还是失败了。塞凯拉乘坐的船搁浅在巴布·埃尔·曼德海峡附近，被其他的船只所救。舰队这次连吉达都没能到达。他还曾率领四十艘舰船进攻第乌，也失败了，而远征埃及的计划则连准备工作都没完成。这时曼努埃尔国王离世，若昂三世继位，杜阿尔特·德·梅内塞斯被任命为印度的总指挥官，他于一五二二年赴任。这位总指挥官的成绩也乏善可陈，镇压再度反叛的霍尔木兹勉强可算其一吧。

为了激活葡萄牙在印度死气沉沉的经营状况，一五二四年瓦斯科·达·伽马作为副王再次登场。他带着恩里克·德·梅内塞斯和洛波·巴斯·德·桑帕，约于这一年的九月抵达印度，开始着手大力整顿对印度的经营，但这一年的十二月他就死在了科钦。这位以十字军精神打开印度航路的探险家，在印度的殖民地经营上终究还是没有什么建树。

随同伽马前来的恩里克·德·梅内塞斯被指定为继任者，但是他也在一年多后的一五二六年二月离世。因为继任手续产生的纠纷造成了上文提到的洛波·巴斯和马六甲的总督佩罗·马什卡雷尼亚什之间的党派之争。为了平息争端，努诺·达·库尼亚被任命为新总督，他在一五二九至一五三八之十年之间，大力推进了阿尔布克尔克所开创的事业。

库尼亚在到达印度前，先顺路去了霍尔木兹施政，到了印度以后也成功地收服了海上君主。但是，他在印度策划的最大事业是征服古吉拉特。在一五三一年从孟买前往进攻第乌时，他率领着大小舰船四百艘、葡萄牙兵士三千六百人。这一军队的规模对于葡萄牙来说是前所未有的，但即使拥有这样的大军，第乌也没有马上被攻陷。因为古吉拉特的苏丹巴哈杜尔得到了土耳其援军穆斯塔法将军的帮助。穆斯塔法深谙欧洲式的战术，曾是一名有名的炮兵士官，听到第乌陷入危机，从红海率领了两艘舰船、八百名士兵赶来。随后他被委以指挥全军的重任，以精准的炮击守住了第乌。库尼亚看形势不妙，开始犹豫要不要强袭要塞，但是，国王的命令必须遵从，所以不得不强行袭击，结果被击退了。所以，他只得封锁港口，退回南方的焦尔。

在此期间苏丹巴哈杜尔与德里的苏丹开战，便不得不放松海岸地区的防守。因此他提出以伯塞恩代替第乌，把它与萨尔塞特岛、孟买岛一起割让给葡萄牙。库尼亚喜出望外，答应议和。一五三五年他在伯塞恩建造了要塞。巴哈杜尔在战争中失败后，被逼到海上，逃到了第乌。为了拉拢葡萄牙人，他提出可以在第乌附近提供修建要塞的土地。对此，库尼亚答应可以保证与红海方面进行自由贸易，不过土耳其的船只不包括在内。双方在这一原则上建立了攻守同盟。

但是随着来自德里军队的压力渐渐减弱，巴哈杜尔开始觉得葡萄牙人的要塞碍眼了，因此他开始与德干的其他诸王结盟。库尼亚察觉后，于一五三七年正月奔赴第乌，在自己的船上与苏丹见面。会见结束后，苏丹的船在返回途中与葡萄牙人的船冲撞，苏丹被杀死。葡萄牙人趁乱轻松占领了城市。但是不久古吉拉特的大军压境，葡萄牙人不得不重新退回要塞。雪上加霜的是，第二年，强大的土耳其舰队率七千多名士兵出现在第乌港前，以重炮对着要塞炮击了二十五天。但是城堡中的士兵死守要塞，非常艰难地打退了敌人从缺口发起的突击。不久，土耳其舰队将库尼亚派来的几艘救援舰误判为大舰队的一部分，立即撤围退兵。据说当时要塞内炮弹已被消耗殆尽，能作战的士兵只有四十个人。其余的不是战死了就是受伤，或者因败血症而卧床不起。

葡萄牙就这样勉强守住了第乌。当时是一五三八年十一月。在危机的最后关头，库尼亚没能派来足够的援军，是因为继任的副王加西亚·德·诺罗尼亚已于九月抵达，不得不谨慎行事，按兵不动。选定继任者也说明库尼亚在本国的地位已经岌岌危矣。十年的艰苦努力，却换来了这样的冷遇，这不仅是库尼亚，也是部下众多士官们的感受。就这样，库尼亚在极度的郁闷中，于一五三九年正月坐着自己租借的船从印度出发，七周后死于海上。

造成这一结果的原因有二：一是葡萄牙本国对于遥远派驻地的事情不了解；二是一些想通过在印度服役而变成暴发户的贵族在严格的总督的手下不能遂愿而被遣返回国，因此不断有人说他的坏话。但是，从若昂三世的立场来说，库尼亚出于政治上的考量而对苏丹巴哈杜尔做出了太多的让步，对传播基督教又不热心，这些都让他不满。若昂三世可是把宗教审判引进葡萄牙的人，由此可知这件事有着相当重要的意义。另外还有一件事必须与此联系起来考虑，即库尼亚在印度洋所布置的兵力应该已经达到了葡萄牙国力所能负担的上限。加西亚·德·诺罗尼亚带来了释放的囚犯以代替训练过的兵士，驻印度的葡萄牙士官们觉得这些人还不如土著人士兵好，本国的壮丁已经不足到了这种地步。从这些方面来考虑，可以说，继航海家恩里克后葡萄牙以其坚韧的力量在一个世纪内持续不断进行的东方扩张，在攻占了印度沿岸果阿、第乌以及包括萨尔塞特在内的伯塞恩三地，印度以外的马六甲、霍尔木兹二地后，终于落下了帷幕。

八 伸向未知世界的触手·基督教传道

殖民扩张的势头停止了。接下来，如何维持已占领的殖民地成为头等大事。像马六甲那样也能勉强维持下来，但是，这一运动本来的动力——对未知世界探索的需求、为了基督教而进行的战斗、对贸易的关心——并非至此就停止了。葡萄牙舰队的大举扩张止步于马六甲，但是探险与贸易的尝试则一直延伸到了太平洋中。尤其重要的是，比起这些，他们怀着更大的热情不断向前推进基督教的传播活动，以这样的形式，葡萄牙的势力甚至到达了日本。

在探险和贸易方面，在阿尔布克尔克攻下马六甲的一五一一年年底，派去摩鹿加群岛探险的三艘船到达了安波那岛[1]。其中一艘船失事，船长弗朗西斯科·塞朗与部下留了下来，来到了原来的香料之岛特尔纳特。这件事在一五一三年上报给马六甲，马上，那边就派了迎接塞朗的船队，这支船队成为香料之岛特尔纳特与蒂多雷争夺的对象。塞朗一个人留在了特尔纳特，据说当时他写给麦哲伦的信刺激了麦哲伦，促成了他的环球航行。因为塞朗在报告中极力夸大了马六甲到摩鹿加之间的距离，他想把自己的事迹吹成超越瓦斯科·达·伽马的伟业。麦哲伦以他的信为根据计算后发现，香料之岛在被（教皇）认定为葡萄牙势力范围的半球

---

[1] 安波那岛，安汶岛的旧称。——译者注

的东边，所以他推断出从葡萄牙往西航行的话距离会更近。

这一计算是错误的，但是麦哲伦的西航终于在一五二一年秋天实现了。此前，只有一艘葡萄牙的商船于一五一八年来过一次。当安东尼奥·德·布里托率领较大的船队来到这儿时，西班牙的船只已经出现在这片海域。就这样，围绕着香料之岛，葡萄牙和西班牙之间起了纷争，这是向东和向西两条探险路线的汇合，这意味着对未知领域如火如荼的视野开拓运动在这儿已达到了一定的成功。到这儿为止，我们对其中的二分之一，也就是向东探险的这条线做了一个追溯，而欧洲人出现在日本的时候，已经充分掌握了剩下的二分之一的知识，也就是说，因环球航行而开拓的视野，形成了欧洲人真正的优越性。为了充分理解这一点，我们还必须对面向西方的视野扩大运动做一个追溯，来观察一下西班牙人所达成的伟业。

但是，这是下一章要讲的问题。这里我们必须先来看一下来到马六甲的葡萄牙人是怎么把探索的足迹扩大到日本的。这不是探险家的工作，而是基督教传教士的工作。而传教士们之所以能完成这一工作，还是因为不久之前在欧洲发生的大事件——宗教改革起到了很大的影响和作用。

宗教改革运动很早以前就在欧洲有了星星之火，但燃成熊熊烈焰却是在一五一七年。时间上是阿尔梅达与阿尔布克尔克在印度洋上建功立业之后。欧洲当时因为宗教改革而陷入一片混乱之中，与此同时，葡萄牙的殖民地扩张也呈现出一时的停滞。但是在天主教的世界里，来自新教的攻势引发了深刻的反省，在肃清腐败、净化传教士生活等运动的推动下，反击之势已经形成。其中最有名的是一五三四年伊格内修斯·洛约拉创建的耶稣会。其受法皇承认是在一五四〇年，与葡萄牙殖民地扩张之势的停顿差不多是同一个时期。

这个耶稣会是要求成员严守清贫、贞洁、服从等中世纪的戒律，为了拯救自己及同胞的灵魂而献身奋战的军队。因此可以说这是内化了的十字军。这支"十字军"的目标是想方设法恢复罗马教会因宗教改革而失去的权威。因此这一运动与葡萄牙人的视野扩大运动能够马上结合在一起。这一视野扩大运动中，发挥了主观支柱作用的是十字军式的精神，但是在视野扩大的过程中，它渐渐地从只针对伊斯兰的反击运动这一狭窄的立场转变成为教化异教徒的运动。这一趋势与耶稣会这一有着军队化组织的教团完美契合了。

罗马的教皇承认耶稣会是在一五四〇年的时候，当时葡萄牙国王若昂三世因印度总督库尼亚不热心于传播基督教而将之免职，并命令驻罗马的公使寻找有能力的传教士。这个充满活力的新教团自然引起了关注，有两个干部被选中了，其中一人就是弗朗西斯科·德·沙勿略。他接受了葡萄牙国王的聘请，于翌年（一五四一年），与新上任的印度总督索萨的舰队一起出发前往印度。作为一个耶稣会士，他还是一个崭新的新人。

沙勿略到达印度是在一五四二年。而一五四二年，也是葡萄牙人第一次漂流到种子岛，并把火枪传给日本之年，对葡萄牙人来说，是他们发现日本之年。关于葡萄牙人漂流到日本的事件有着各种不同的版本，但是比较可信的是，他们坐的船是中国的帆船，乘坐的葡萄牙人只有二至三人。也就是说，葡萄牙"船"的目的地不是日本，是离开了大船冒险的葡萄牙人偶然中接触到了日本。

但是这一偶然的背后，是日本人一个世纪以来耳熟能详的事——葡萄牙人出现在了中国沿岸。开始是征服马六甲后的一五一四年，葡萄牙人用中国的帆船派送使者前往中国。接下来在一五一六年，由四艘葡萄牙船、四艘马来船组成的船队第一次出现在广东附近的屯门。在广东总督向皇帝请示期间，船队中有一艘被派往琉球探险，但这艘船只到达了台湾对岸的漳州。这时，南京方面允许葡萄牙人觐见的许可下来了，于是，一五二〇年初，司令官从福建南端以陆路前往南京。谒见在一五二一年才得以实现。然而在这一船队之后，于一五一九年到来的第二船队的司令官在屯门建筑要塞、诱拐儿童等，引发了许多问题，再加上来中国求援的平顺国王的使者称葡萄牙人有征服土地的野心，因此皇帝将到南京的葡萄牙使者拘禁起来，并禁止葡萄牙人入国。这之后，一五二一年第三支葡萄牙船队中的两艘船到达屯门时，被中国人击退，第二年的一五二二年，第四支船队的五艘船到达时，被中国人捕获一艘、击破一艘后又被驱逐了。这样，官方批准的贸易没有实现，但是私下的贸易则不同，特别是葡萄牙人利用中国的帆船进行的贸易，渐渐向北延伸，扩大到宁波。漂到种子岛的葡萄牙人就是在暹罗离开了葡萄牙船后，利用中国的帆船在中国沿岸做贸易的人。

在这样的形势下，就算只是偶然，日本的发现，其影响亦似乎十分深远。据平托的旅行记记载，当人们听说日本盛产白银，把中国商品卖到日本就能发大财，人们就争先恐后收购商品。一担价值四十两的生丝只用八天时间就被哄抬到一百六十两。九艘中国帆船在十五天之内准备好后，便出发前往日本了。这一记载信用度不太高，但是葡萄牙商人听到漂流到种子岛的人的消息后马上从中国沿岸坐中国帆船前往日本，此事也出现在其他的报告中。据称葡萄牙人渡海访日是从这之后迅速开始的。

也就是说，沙勿略刚到印度之时，已经开始有葡萄牙人来日，这之后的五六年间，葡萄牙人出入九州沿岸各处港口，而沙勿略则在马六甲和南洋诸岛周游。一五四七年，在马六甲，鹿儿岛人弥次郎与沙勿略见面。沙勿略通过弥次郎观察日本人，对日本人很有好感。据说，他就是在这时候决定去日本布教的。

因为这一段因缘，沙勿略于一五四九年来到日本。这不是一艘两艘贸易船来到日本这样的小事。航海家恩里克王子以来开始的"面向东方的视野扩大运动"至此不是以葡萄牙舰队的身影，而是以三位耶稣会士的身影到达了日本。

第二章 /

面向西方的视野扩大运动

一 哥伦布向西航海的尝试

哥伦布往西航行，结果发现了新大陆，给近代欧洲带来了极大的影响，但是作为对未知世界视野的扩展运动，它却只是航海家恩里克王子事业的一个延伸。这一运动最困难之处在哥伦布幼年时就已经被攻克了。亚里士多德以来的知识界限已被打破，非洲沿岸的探险正急速推进，现在的问题是，是否在这一基础上，将向西航行这一想法付诸实施。

但是从结果上来看，新大陆的发现是个非同寻常的大事件。哥伦布本人还没意识到其所具有的意义，在他之后二三十年间人们才明白，这是一个全新的"发现"，一举将视野扩大了一倍，而且这不单纯只是地理上的发现，也是新的人类社会的发现，是新的文明圈的发现。在这一点上可以说与打通到印度和中国的航路有着截然不同的意义。无论印度和中国在当时有多稀奇，它们的存在都早已为人所知，然而美洲大陆，其存在却是完全不为人所知的。未知领域的开化以如此显著的方式得以实现，这样的例子是独一无二的。因此，开拓未知世界运动所给予的刺激之强烈也是绝无仅有的。

有一点需要记住的是，攻占美洲殖民地的方法与攻占东方也有着明显的区别，这与上文中提到的不同有关联：在印度洋，葡萄牙人是为了与宿敌阿拉伯人争夺制海权，他们开始并没有把征服印度当做目的。将印度殖民地化是为了在与阿拉伯人的战争中获得必要的据点。然而在美洲他们没有这样的仇敌，而且十字军的精神在这儿也同样旺盛。西班牙人在美洲只是单纯征服了各个土著国家。

开启这一征服事业的是哥伦布的西航。

哥伦布因为这次航海所带来的结果而名满天下，但其传记中却疑点颇多。连出生地、出生年份也是诸说纷纭。比较可信的是，他是一四四六年出生于热那亚的意大利人。据说他十四岁的时候成为船员，去过外国。一四七七年，可能是从英国的布里斯托尔出发的吧，他航行到达布里斯托尔与冰岛之间的法罗群岛以北一百英里的地方，据说这是哥伦布第一次接触大洋。后来他移居葡萄牙，一四八二年以后，他航行去过几内亚。不久，他在里斯本结婚，从岳父留下的海图和文件中学到了很多知识。

当时航海家恩里克王子去世已经二十年了，在葡萄牙的海员中，探寻新土地的热情很高。因此关于西方海洋的秘密，流传着各种各样的传说。比如，葡萄牙的船长马丁·维森特在圣维森特海角以西四百五十里格的地方捡到了有雕刻痕迹的木材，这是刮了好多天的西风带来的，所以，在西方不远之处有陆地，可以说是毋庸置疑的；另外，亚速尔群岛的漂流物中有并非该地生长的冷杉树干和只能生长于印度的粗芦苇；还有，马德拉群岛的安东尼奥·雷默声称他看到了在一百英里以西有三座岛，诸如此类。

哥伦布本人对这些话也有所耳闻，他还从当时的海图中得到过同样的启示。当时的海图是基于航海者的幻想而作的，比如，安提利亚岛就是虚构的。不过这个名字后来因为被用来命名哥伦布发现的西印度群岛而流传后世。

而对哥伦布影响更深的是一四一〇年皮埃尔·达伊写的一本叫《世界像》（Imago mundi）的地理书。哥伦布在葡萄牙的时候读得很投入，后来航海的时候他也随身携带着这本书。但这本书在学术上的价值不高，它搜集了古代及中世纪多位学者的成果，对于新的探索成果却不太重视，甚至都没提到马可·波罗的名字。而哥伦布关于宇宙地理学的知识都来自此书。特别是关于地球之大与大洋之小的想法。皮埃尔·达伊引用了亚里士多德、塞涅卡、普林纽斯等人的观点，称西班牙西岸与印度东岸之间的海非常狭窄，顺风的话几天之内就能横渡。又援引亚里士多德和阿威罗伊的话，提出印度和非洲都有大象，故非洲西岸与印度东岸应相距不远的主张。两者之间的距离还不清楚，但是从西班牙往东到印度这个有人居住的世界是大于地球的半周的，因此往西的海路毫无疑问是近路。这一走近道的想法对哥伦布产生了强有力的影响。

航海家恩里克所播下的种子已快到丰收的时期，以上文所引的典故为基础的知识还大有市场，实在是不可思议，但是如果考虑到是皮埃尔·达伊关于天堂位置、性质以及世界即将没落等观点直接左右了哥伦布，那这就没什么奇怪的了。达伊认为，人间天堂应当是在遥远东方的某个高处，有飞湍从那儿奔腾直下。因此后来哥伦布到达奥里诺科河口时，深信这即是那条源自天堂的河流。

但是，对哥伦布的西航起着决定性影响的，还是托斯卡内利的信。

哥伦布抄录的复制件中有如下记载：

"物理学者保罗向里斯本的费尔南·马丁斯神父致意。曾与阁下谈及去香料之国有比经由几内亚的航线更近的路线之事。思及此，又获知国王陛下与阁下交谊甚笃，我倍感欢喜。国王陛下现在需要的是即使没有相关知识也能理解的、最好是能通过亲眼所见来让人信服的说明。我曾考虑可以用表示大地的球状体来展示，但是为了使人更容易理解，也是为了避免麻烦，我决定还是在海图上说明这条航线。我将向陛下呈上我亲自画的海图。这张海图里画了作为西航出发点的贵国的海岸与岛屿、这条航线终点的所在之地、途中必须与北极与赤道保持的距离以及要经过多少距离，即要航行多少英里后能到达遍地是香料和宝石的地方等等。

香料之产地一般被称为东方，我却以西方的地域称之，望勿以为怪。因为那个地方取陆路从上面走的话，一直往东走可以到达。但取海路从陆地下面走的话，一直往西走就能见到。因此地图上的竖线表示从东至西的距离，横线表示从南至北的距离。而且我在地图上标明了各种场所，据详细的航海报告可知，各位可能会到达这些地方，也可能会因为逆风或者发生其他情况而到达目的地以外的地方，那时如果航海者有那个国家的国土知识，无疑将大有裨益，所以请携带此地图以出示给当地的居民。说来那些岛上只居住着商人，据说那儿有一个叫刺桐的著名港口，万船云集，其盛况举世独有。这个港口每年有一百艘装满胡椒的大船出发，其他的香料则载以它船。那片国土上人口众多，有着数不清的州、国与城市，都由一个叫做'大汗'—— 王中之王的意思 ——的君主统治。大汗所居的宫殿大多在契丹州，他的祖辈希望与基督教徒们交流。在两百年前他们就曾遣使来见教皇，请求多多派遣学者去传播教义。但使者在途中受阻，所以不得不返回。尤金尼厄斯教皇在位的时候，有一个男子来见教皇，向教皇保证那个地方对基督教充满了善意。我本人也与这名男子就各种事情作了长谈，得知那儿王宫十分宏伟，也知道了那儿的江河之流又长又宽，非常壮观，江河的岸边有无数的城市，有一条河的沿岸有两百个城市，河上架着又宽又长的大理石桥，桥上装饰着无数的柱子等等。这是值得拉丁人前往的地方，不仅仅是因为那儿有金银宝石、珍贵的香料等巨大的宝藏，也是为了那儿的学者、哲学家和天文学家，或者是为了了解如此强大的国家是以怎样巧妙的手法与怎样的精神治理的，还有战争是如何执行的等等。佛罗伦萨，一四七四年六月二十五日。"

"从里斯本往西一直到繁华的大都市行在[1]，地图上有二十六个区划，每个为二百五十英里（milliarium，罗马的千步，比海里短）。行在城宽一百英里，有十座桥。这个城市的名称有天城之意，关于这个城市，其匠人之多、收益之高等等都有着非常多不可思议的传说。从里斯本到这儿的距离大约是整个大地长度的三分之一。这个城市在蛮子州，与君主的首都所在的契丹州相邻，而从同样众所皆知的安提利亚岛至极负盛名的西潘戈[2]有十个区划。这个岛富有黄金、珍珠、宝石，还用黄金来盖寺院和宫殿的屋顶。因此，我们一定要走未为人所知的近道，开拓海上的空间。"（ Ruge；*Geschichte des Zeitalters der Entdeckungen*. S. 228 — 229.）

以上出自托斯卡内利的信件，但这封信件没能说服葡萄牙国王。因为一四七一年，探险家们已到达了黄金海岸，对非洲沿岸的探险活动也正处于急速上升期。数年后的一四八〇年至一四八二年间，哥伦布与托斯卡内利互通书信，他看到了上文所述的信件与地图的复制件后，发生了很大的变化。有人甚至是这么评价的："在此之前，他只是一个船员，这之后，他成为了一

---

[1] 即杭州，下同。——译者注
[2] 一般认为指日本。——译者注

名探索者。"（do. S. 225.）他毫不犹豫地赞成托斯卡内利的看法。据说他亦向托斯卡内利表明了自己想要付诸实施的决心。托斯卡内利寄信鼓励了他：

"我对阁下欲实行西航之举甚为赞赏。正如阁下看过的我所制的地图所示，我确信，阁下将行之路并不如世人所想象的那般困难。我所描画的到那个地方的途径反而是最稳妥的。如果阁下能像我一样与那些去过那个地方的人有过交流的话，您一定不会有任何疑虑，您一定能相信，此行可以见到手握大权的各国国王们，见到各种宝石满盈的繁华州城。而那些遥远国家的统治者、那些王侯们，他们也会为了能与基督教徒结交、能找到学习基督教等我们所拥有的学问之途径而高兴吧。综上所述，再加上其他的许多理由使我毫不怀疑，正如在各种计划中人才辈出的葡萄牙全体国民一样，阁下也是一位真正勇敢的人。"（do. S. 231）

由此看来，很显然，推动了哥伦布的正是马可·波罗以来对东方的渴望。而关于到东方的"近道"这一想法，的确包含了宇宙地理学方面的新知识，但是根据亚里士多德与阿威罗伊的著书也能做出这样的推断，因此这个想法中并没有包含任何新的观念，能让人预想到新大陆的发现。如果说这里面包含了什么新的契机，那就是托斯卡内利用实际存在的事例来证明了他所谓的陆地之下的通道（subterraneas）这一点。把大地视为一个球的想法由来已久，但是还没有人试过用事实来证明。现在，对东方的渴望成为用事实来证明这一想法的一个尝试。但是正如托斯卡内利所说明的那样，它很明显是建立在一个错误认识上的。向西航行的航道如果不是"近道"的话，哥伦布也就没有勇气了吧。因此不得不说新大陆的发现是由一个错误的认识诱导而实现的。也就是说这次发现不过是一个偶然。但是如果这个偶然是由对东方的欲望所推动的的话，那么我前面所说的这次西向航海只是航海家恩里克王子的事业所派生的一个分枝的说法就更加确定了。

哥伦布的功绩在于将上述向西航行付诸实施。他不是像航海家恩里克王子那样睿智的组织者，必然只能靠个人的热情与意志勉力前行。这既是他的优点所在，也是他的缺点所在。他看上去富有冒险家气质，其原因也在于此吧。

哥伦布在一四八三年将上述计划提交了葡萄牙政府，当时若昂二世继承了恩里克王子的精神，正干劲十足要将探险的脚步从黄金海岸往前推进。国王将他的申请交付给了委员会，但委员会视哥伦布为幻想家，拒绝了他。据说国王也把他看做是一个狂热的喋喋不休的人。若只就他坚持走近道去香料之国这一点来说的话，这样的判断也算正确。

第二年（一四八四年）哥伦布的妻子去世。以此为契机，他离开葡萄牙去了西班牙，并在那儿找到了强有力的庇护者。终于，在一四八六年，他通过大主教门东萨的引见拜谒了伊莎贝拉女王，女王让他做了自己的朝臣。他的计划在萨拉曼卡大学受到审查，结果不是很理想。他不仅援引宇宙地理学的知识来证明自己的观点，还引用圣经中的句子相当狂热地阐述自己的狂热信仰，让神学者们也为之目瞪口呆。结果，一四九一年，审查的结果出来了：他被婉拒了。这于萨拉曼卡大学来说也是合理的处置，毕竟从学术的立场出发，这一天文学的、宇宙地理学的计算与推论和古籍、圣经中的预言或牵强附会的解释混合在一起的奇怪想法是不可能得到承认的。哥伦布后来获得成功也并不是因为他的计划在学术上是正确的。

这时哥伦布迎来了人生发生巨变的一刻。已决定离开西班牙的哥伦布牵着儿子迭戈的手，在廷托河畔无精打采地朝着韦尔瓦港走去，途中来到一座靠海的童山上的拉比达修道院时，他又饿又累，无法动弹，只得向修道士们乞讨面包和水。这个奇怪的乞讨者的样子引起了慈悲为怀的修道士们、特别是修道院院长胡安·佩雷斯·德·马切纳的注意，碰巧，这位院长是听伊莎贝拉女王忏悔的神父。哥伦布被带到修道院的住处，得到了各种照顾。然后，在面朝大海的宽敞大厅里，他讲了自己的西航计划与如今绝望的境地。修道院长以前没有听说过他的事，但是为他强烈到近乎发狂的热情所打动，就从附近的帕洛斯请精通天文学和宇宙地理学的物理学家加西亚·埃尔南德斯过来商量。这位三十岁左右的年轻物理学家听着哥伦布的发言，也渐渐产生了兴趣。结果两个人达成了共识：留住这个少有的人物一定对女王有用。于是，修道院长给伊莎贝拉女王修书一封，派人送去了格拉纳达的宫殿。两周以后，女王的谢函送到，请院长即刻前去一见。他当晚就出发前去，得到了女王为哥伦布的计划提供三艘船的承诺。哥伦布的命运之门就这样打开了。

一四九二年一月，与摩尔人的战争结束，这也为哥伦布计划的实施创造了条件。但是，这个计划还面临着最后一个困难，那是哥伦布自己提出的条件。前不久这个还在拉比达因饥饿与劳累奄奄一息的男人，现在却转而一变，要求得到接近西班牙王位的高位。这件事情也有助于我们理解哥伦布这个人物。他所提出的条件：提督的官位、贵族的身份、新发现的土地上的副王地位、相当于国王收益十分之一的（探险）收益份额、海外属地的最高裁判官地位、承包八分之一的舾装即可拥有收获的八分之一等等，都让女王愕然不已。女王断然拒绝了他的要求，哥伦布也毫不退让，一个月之内谈判破裂，哥伦布再次离开宫廷，打算经由科尔多瓦去法国。这时站出来为他调停的是他最早的庇护者门东萨和主持会计工作的路易斯·德·圣安杰尔。他们努力说服女王：哥伦布可以使殖民地的扩张与基督教的传播成为可能，女王于是答应召回哥伦布。女王派出的急使带着女王答应要求的口信在哥伦布身后追赶，终于在半道将他带了回来。就这样，一四九二年四月十七日双方签约，哥伦布狂热的自信终于在气势上压倒了西班牙王国。但是，这一点也是后来哥伦布失势的原因。

于是哥伦布开始着手准备航海，于这一年（一四九二年）的八月三日出发了。横断大西洋这等大事一旦毅然执行，也就成了一件简单的事情。船队首先直航加那利群岛，用了四个星期整修船只后，九月六日从那儿出发向西航行。十六日已确认到气候的变化，这被认为是已看到了接近陆地的征兆。但是还是怎么也看不到陆地，船员的不安情绪高涨，局势相当不稳。直到十月十日还有船员诉苦。但是十二日的凌晨两点就看到了陆地。破晓时分，一座美丽的绿岛呈现在他们眼前，哥伦布热泪盈眶，哼起了《赞美颂》(*Te deum laudamus*)，船员们纷纷与他相和。

哥伦布把这个岛命名为圣萨尔瓦多。关于其具体所在众说纷纭，其中持华特林岛说者较多。接着，他们在附近诸岛探险的过程中，从土著人那儿打听到，在南方有一个叫做科尔巴（古巴）的大岛。哥伦布断定其为"西潘戈（日本）"，因此在十月二十四日出发，二十八日到达了那个岛的北岸。据说到达以后，哥伦布又开始觉得这个地方是亚洲大陆。十一月一日的日记中，他是这么记载的："古巴是亚洲大陆。我们在离行在（杭州）以及刺桐（泉州）一百英里的地方。"于是，他开始尝试与大汗取得实际的联系。

在古巴沿岸进行了约一个月左右的探险后，十二月五日，哥伦布来到了海地，这儿山野秀美，适合农耕与畜牧，沿岸多良港，河流中有"砂金"。八日之后，哥伦布相信自己已经接近地球上最大的宝藏所藏之地。后人普遍认为，哥伦布西航目标不是香料，而是黄金，原因当在这儿。因为过于兴奋，又要为在恶劣的天气里航海而担忧，哥伦布整整两天没有睡。十二月二十四日晚上，在他精疲力竭一个人在船舱里休息的时候，船在沙滩上搁浅了。

哥伦布将这块土地设为殖民地，在这儿留下了三十九个葡萄牙人后，坐着另外的两艘船于一四九三年一月四日踏上了归途。他最后离开海地是在一月十六日，并于二月十五日到达亚速尔群岛。三月初进入里斯本拜谒了若昂二世。回到西班牙是在三月十五日，他在民众的欢呼声中进入帕洛斯，从那儿去了塞维利亚。女王已从急使那儿得知哥伦布远征成功的消息，于三月三十日写信邀请哥伦布到巴塞罗那。于是哥伦布带着据称是从印度带来的珍宝与土著人，从西班牙西南端的塞维利亚来到东北端的巴塞罗那，队伍穿过了整个西班牙，如同凯旋游行一般缓缓而行。全国人民都纷纷前来围观这些大洋的征服者们。四月中旬，哥伦布到了巴塞罗那，受到了宫廷最高规格的欢迎。

当时哥伦布作了怎样的报告呢？这从他的两三封信[1493年二月十五日，收信人：路易斯·德·圣安杰尔（Luis de Sant-Angel）；同年三月十四日，收信人：拉斐尔·桑切斯（Rafael Sanchez）]中可窥一斑。他坚信自己来到了印度洋，"有些有权人士视我的计划为空想、视我的意图为妄想，为了对抗他们的观点我提出了自己的主张，而神以令人惊叹的方式给予了确证。""但是这一伟大的计划获得了如此的成功，这并非我的功劳，而是神圣的天主教徒的信仰与我们主君虔敬之心的功劳。因为神的意志能为人创造不可思议的奇迹。神会倾听他忠实仆人的祈祷，即使向他请求的是像这次一样似乎是完全不可能实现的事情。因此，我在这个此前为人力所不能及的计划上获得了成功……不论是国王还是女王、诸侯、还有这个幸运的国家，以及所有的基督教国家，以及我们所有人，都要感谢耶稣基督赐予我们的这次胜利。让我们举行游行，让我们举办庆典，神殿应该用绿色的枝条装点起来，基督如果能看到那么多曾经失去灵魂的民族得到了拯救，不管他是在人间还是在天堂，都会欢喜吧，而我们，也会为了财宝的增加和信仰的愈加坚定而高兴……"

如此狂热的感激之语表明了哥伦布主观感情上的欢喜之情，却并没有在客观上证明其主张的正确性。据说他一见之下就将古巴当做了中国大陆，将海地当做了日本，还在报告中夸大了这些岛的大小，但是他却不能在地图上清楚地标明这些岛的位置。对此当时已有质疑。又因为这样的疑议，在哥伦布明白自己的新发现所具有的意义前，别的探险家——亚美利哥·韦斯普奇就已经明确地指出，那是一个新大陆。

二 哥伦布的第二、第三次航海

但在当时，不管哥伦布的猜想有没有成真，他只要往西航行到达如大陆一样的地方就足够了。西班牙国王为此结果而振奋，他于一四九三年五月末再次承认哥伦布拥有提督以及副王的特权，让他着手准备第二次航海。他完全按照哥伦布的要求，准备了十四艘快船、三艘大货船、一千二百名步骑兵，连移殖用的欧洲的家畜、谷物、蔬菜、葡萄等都准备了。这已经不是为了探险船队、而是为了占有并经营新土地的殖民船队而作的准备。可以说哥伦布已经提前开展了他作为副王的活动。这一计划的实施需要很多的官吏和军人。本尼狄克派的一个修道士被罗马任命为新国土的代理祭司。而代表西班牙贵族的阿隆索·德·奥赫达、胡安·庞塞·德·莱昂、迭戈·贝拉斯克斯、胡安·德·埃斯基韦尔等人也加入了。这些人后来都活跃在这一领域。哥伦布与他们同行，首先找到了一个合适的地点建立殖民地，然后继续探险航海，他不仅仅是为了寻找日本和中国，他想尝试的是向西航行实现环球一周。第一次航海使他越来越确信，大地并没有天文学家和宇宙学家所说的那么大。

我们可以从这个计划中发现与葡萄牙人打通印度航路运动明显不同的性质。当时距离恩里克王子去世已三十三年了，是葡萄牙人在非洲新发现的土地上竖起第一个石标后的第十年。巴尔托洛梅乌·迪亚士航行至好望角之东，打开通往印度洋之门也已经是五年前的事了。但是葡萄牙还没有拿出派遣殖民船队这样的气势。葡萄牙任命印度副王，殖民地扩张势在必行，是距此十多年后的事。然而西班牙开始着手探险航海的第二年，就已经建造了殖民船队。这一方面是出于急于改变落后于葡萄牙的现状，另一方面也是因葡萄牙人的尝试而打开了眼界，更主要的是被探险所带来的物质成果诱惑。哥伦布的探险正是与西班牙的焦虑、欲望的密切结合，而他的性格也可以说正顺应了西班牙的这一倾向。

西班牙的这一倾向在那个史上著名的分界线[1]问题上也表现得很明显。葡萄牙很久以前就已得到教皇承认，其对新发现的土地享有独占权。哥伦布归国后，西班牙立即奔赴教皇之处，就今后的探寻计划以及与此相关的基督教传道事宜寻求教皇的理解。教皇于一四九三年五月发布指令称，以亚速尔群岛及绿色海角（佛得角）群岛以西一百里格的子午线为分界线，分界线以西已发现、或将发现的岛屿及陆地将被"授予"西班牙国王及其后嗣。这条线是哥伦布所主张的在气候上、海水上、气温上都会出现变化的线。事实上即使没有这样的分界线，在教皇承认之后，它也会作为一条政治上的分界线而存在于现实中。这条分界线自然成了葡萄牙和西班牙之间的大问题，经过双方的各种交涉，翌年七月，分界线再往西移动了二百七十里格。但不管怎样，这是两个国家之间分界线的问题。哥伦布第二次航海的时候已经面临这些问题了。

哥伦布率领上文所述的殖民船队于一四九三年末出发，十月十三日出加那利群岛，十一月三日到达小安的列斯群岛。用了二十天横穿大西洋后来到海地，在当地寻找上一年留在那儿的葡萄牙人，但是发现他们已经全都遇害了。他们花了很多时间寻找合适的根据地，三个月后终于来到蒙特克里斯蒂以东十里格的地方建了伊莎贝拉城。哥伦布从那儿不断派人出去寻找黄金，自己

---

[1] 此处指教皇子午线。——审校注

也会出去寻找。他们大有收获，发现了金矿。为了保护采金人，哥伦布建起了坚固的房子，并派了五十六个卫兵。哥伦布深信这儿就是俄斐，传说中所罗门派人来取金之处。人们深信，将有数量惊人的黄金不断被找到。而且，哥伦布最早筑城和发现黄金的地方，也是哥伦布最初猜测是西潘戈（日本）的地方，而传说中的西潘戈正是以黄金为屋顶的国家。以黄金为目标这一特点在这些地方也表现得非常明显。

一四九四年四月末，哥伦布让弟弟[1]迭戈留下来做代理人，自己则再次出发航海探险。他首先往西航行至古巴南岸。向土著人询问黄金的产地时，土著人总是手指南方，因此五月初，他们离开古巴的海岸，向西南航行来到牙买加北岸。但是见那儿不像有黄金之地，故再次向北航行进入古巴西岸的女王之园，然后到达皮诺斯岛。哥伦布以为自己已经自马六甲到了三十度的地方，再航行两天到达古巴西端的话，他也许能从古巴是亚洲大陆一部分的错觉中解脱。但是从船只的状态来看已经无法前行，当时是六月中旬。他踏上了归途，绕过牙买加的南部，八月中旬出其东端，之后因遭遇恶劣天气连续三十二天难以入眠，终于在九月二十四日因过劳而卧床。九月末到伊莎贝拉城的时候，他几乎是徘徊在生死之间。这样一来第二次探险旅行也没能打破他在宇宙地理学上的迷信。

---

[1] 原文为"哥伦布让弟弟迭戈留下来做代理人"，根据后文，此处疑应改为"哥伦布让弟弟巴尔托洛梅留下来做代理人。"——译者注

出人意料的是，他的弟弟巴尔托洛梅带了三艘船来到殖民地帮助他。这个弟弟很有能力，他受哥伦布所托，前往说服英国国王，并几乎得到了国王提供支援的承诺。但是不巧，他与哥哥没遇上，却意外地在西班牙宫廷受到了厚遇。从他弟弟的待遇可知，西班牙国王与宫廷对哥伦布的评价颇高。但是另一方面，他部下的西班牙人中，出现了不满与反抗的苗头。而土著人也因为受到西班牙军人的恶政刺激，开始团结起来进行反抗。不过他们的反抗很快被人以少数骑士之力巧妙地扑灭。这个人就是阿隆索·德·奥赫达。奥赫达以过人的胆识和智慧，以及土著人没见过的坐骑——马，将土著人牢牢掌控在手里。但是殖民地统治却并不能说非常顺利。副王的独占权并没有完全实现，累赘一样的移民超过了二百人。在这样的情况下，哥伦布决定归国。他于一四九六年三月率领两艘舰船离开海地，并于六月回到了加的斯。

这次也与第一次时一样，凯旋的队伍从西班牙南端游行到了北端，被带来的印第安人也戴着黄金的饰物参加了游行，以证明哥伦布已经找到了所罗门的俄斐。当时的政治形势对哥伦布极为不利，但是国王还是接见了他，并承诺会保护他。虽然新船队的准备没有马上提上日程，但是哥伦布的特权以及作为提督的权利都再次得到了保证，巴尔托洛梅的代理任命也得到了追认。

第三次航海的准备一直不太顺利。到了一四九八年一月，两艘物资补给船总算可以率先出发。国内有权势的人中反对势头相当强劲。船员的招募也很困难。后来哥伦布想到了让囚犯移民的点子，法庭也同意将处流放刑的犯人送到印度。这一囚犯殖民之举后来成为了西班牙殖民地经营的痼疾。

采取了这样的穷极之策后，一四九八年五月最后一天，哥伦布率六艘舰船出发了。他在加那利群岛派出三艘船前往海地，自己则率领另三艘船驶上了面向西南的航路。因为哥伦布听信了这样的民间传说：热带地区除了黑人以外还有很贵重的物产。这一民间传说是一个当时相当有名的航海家听从国王建议向哥伦布灌输的。在信中，他盛赞哥伦布为神的使者，并力主宝石、黄金、香料、药品之类大多出于热带地方。哥伦布越来越相信自己是神的使者，他决定向西南航行。

他对人间天堂的解释正出现在这个如被神灵附体一般的状态下。在海上航行十七天后，哥伦布到达特立尼达岛，然后第二日到达了奥里诺科河河口。对他来说，最先发现这片美洲大陆意味着完成了对人间天堂位置的推定。这一推定的前提是他提出的"地球不是球状的，而是梨形的"这一主张。亚速尔群岛以西四百里格处气候地貌发生了剧变，这正是大地从那儿开始变高的证据。现在他在奥里诺科河口看到惊人的水量流入大海，他认为这条河的源头毫无疑问就是高地的最高处。人间天堂正是在这极东之地的高处。如果这条汹涌的大河不是来自人间天堂，那就必然是出自南方的大陆。而这样的大陆以前从未听说过，因此这条河必定是来自于人间天堂的，他认真思考后得出了这样的结论。

他在这个新发现的大陆只做了短暂停留，半个月后他进入加勒比海，驶向海地南岸的圣多明各。他弟弟巴尔托洛梅正在那里建设一个新的殖民地。

哥伦布离开期间，海地的殖民地经营进展得很顺利，但是对外国人哥伦布家族的反抗日渐激烈。伊莎贝拉城法官弗朗西斯科·罗尔丹发动了叛乱，对哥伦布家族独占金矿之事发起了攻击。他为了拉拢土著人，还发布宣言称将保护他们不受代理副王的高压统治。这一事件在哥伦布到来后还是没有平息，双方都向西班牙政府告状，结果这场纷争持续到了翌年的一四九九年九月，最后以哥伦布让步、罗尔丹恢复首席法官职位而告终。但是在本国，这场争执影响恶劣，所以后来在弗朗西斯科·德·博瓦迪利亚被任命为新法官之时，他无视副王的特权，行政权和兵权也都转移到了他自己的手上。而且，新法官还被授予能将有害于殖民地福利之人强制性驱逐出岛的权利。这样，一五○○年八月末博瓦迪利亚一到圣多明各，马上就占领了该地，并将哥伦布一家人都捆缚了起来，押送回国。

哥伦布得到了船长的同情。他托船长代为收发信件，与王子的乳母取得了联系。而国王这边也觉得对哥伦布的处置不当，命令为他解缚，并要求优待他。据说哥伦布谒见国王时百感交集，语不成音。因为这一事件，博瓦迪利亚亦声誉不佳，被堂·尼古拉斯·德·奥万多取代。出于对奥万多的信任，想去新世界的人急剧增多，这样，一五○二年二月，这位新总督率领了三十艘船、两千五百人出发，于四月中旬到达海地。殖民地的经营至此已经完全与哥伦布没有关系了。

三 亚美利哥·韦斯普奇发现新大陆

如上文所述，从哥伦布推断人间天堂的存在到他被抓捕，其被命运捉弄、坎坷多难的一四九八年至一五〇〇年期间，却是欧洲视野开拓运动特别活跃的时期。瓦斯科·达·伽马于一四九八年的夏天到达印度，一四九九年归国。一四九八年末，有人基于哥伦布第三次航海报告向参加了哥伦布第二次航海并在海地建功立业的阿隆索·德·奥赫达推荐去帕里亚探险。奥赫达于第二年的一四九九年五月出发，到达南美的东北岸（在北纬6°一带），然后从那儿出发北上至北岸，从那儿一路探险到达了委内瑞拉湾一带。还有，同样是一四九九年十一月出发的维森特·亚涅斯·平松，他是哥伦布第一次航海时的一位船长，他在南巴西海岸往北至海地之间探险，而据说紧接他之后于一四九九年十二月出发的迭戈·德·莱佩航行到了南纬八度。这些人都于一五〇〇年年内归国，亚美利哥·韦斯普奇参加了上文所述的奥赫达的航海，据说后来中途换了船队，加入了平松或莱佩的航海船队。哥伦布在海地为党争所苦恼的一五〇〇年四月，葡萄牙的卡布拉尔在去印度途中到达了巴西，并迅速报告了本国。葡萄牙曼努埃尔国王为了探索这一新发现的岛，招募了刚从航海探险归来的亚美利哥。就这样，在哥伦布被绑缚送回国至他的第四次航海出发之间，有了著名的亚美利哥第三次航海。

亚美利哥·韦斯普奇于一五〇一年五月自里斯本出发，他沿着南美的东岸从南纬五度航行到了二十五度。也有说法称在他的指挥下还到达了五十度或五十二度的地方，但这并非事实。一五〇二年九月归国后，他作为这次探险的科学指导者立刻写了报告，这封报告书引起了很大的轰动。他给友人洛伦索写的信于一五〇三年被翻译成了拉丁文，接下来又被翻译成了德文并出版。在信的开头，他主张发现新大陆之说。他声称，自己奉葡萄牙国王之命发现的广阔陆地可以被称为"新世界"。因为至今没人知道它的存在，人们以为西方赤道以南地区只有海洋，现在发现了与亚洲、非洲和欧洲相对立的一个新世界。亚美利哥非常清楚地认识到了这一点。

哥伦布也许是实际上的新大陆发现者，但是他拒绝承认这样的大陆的存在，认为那儿只有人间天堂。另外，他发现了古巴和海地，但他主张他到达的是日本和中国大陆，而不是未知的新世界。一五〇三年依然对上述想法深信不疑的他还在地峡沿岸寻找通往印度的海峡。因此说新大陆的发现者不是哥伦布而是亚美利哥，可以说是理所当然的。

哥伦布的第四次航海比亚美利哥的南美探险还要晚一年。他出发于一五〇二年五月，有四艘快船，一百五十名船员。当时瓦斯科·达·伽马已经打通了印度航路，所以哥伦布想从古巴和帕里亚之间西航到达印度。在圣多明各他没有被允许上岸。他向着正西方航行，七月三十日到达洪都拉斯湾的瓜纳哈岛，在那儿与尤卡坦商人相遇，了解到这个地方存在着一个他还没能接触到的有着高度文化的国家。如果这时跟着这个商人去到他的家乡，看到了尤卡坦的城镇，发现了墨西哥，那么哥伦布将不得不认识到那是一个新大陆。但是一心只想寻找去印度通路的哥伦布没有向西，而是选择了向东航行。他沿着洪都拉斯的海岸线前进，穿过地峡向南航行，就这样直到一五〇三年四月末，他都一直在这个有名的瘴疠之地茫然不知所措，怎么也找不到通向西方的出口。最后他选择了北航，结果遭遇暴风，六月二十五日搁浅在牙买加的海岸上。在那儿等待救援期间，一五〇四年二月二十九日，他因为预言了月食而使他们免遭土著人的杀害。直到半年以后他们才被救出，十一月初狼狈不堪地回了国，但不幸的是，他的庇护者伊莎贝拉女王在数周后去世，而国王则早已不搭理他了。这样，在极度失意中，哥伦布于一五〇六年五月在巴利亚多利德辞世。

而另一方面，一五〇三至一五〇四年间亚美利哥的第四次航海也失败了。所以，他离开了葡萄牙，回到西班牙。一五〇五年二月与哥伦布见面时，据说哥伦布对他的印象非常好。他写过这样一句话：韦斯普奇也是一个功绩没有得到相应回报的人。但是韦斯普奇不久即效力西班牙，自一五〇八年起被任命为年薪达二百达克特的帝国领航员，后来他或主持领航员的资格考试，或绘制地图，直到一五一二年去世。他与哥伦布不同，生前已得益于其过高的盛名。因为他一五〇三年报告发现了新大陆的信不仅在欧洲被广泛阅读，一五〇七年他写给弗罗伦萨的朋友索代里尼的信也被译成拉丁语，该译文也以《四次航海》之名流传，盛行一时，以至于同出版于一五〇七年的马丁·瓦尔德塞弥勒的《宇宙学入门》中提议将新大陆称呼为亚美利加。

四 征服者们的活动

通过西航发现的既不是中国，也不是印度，而是欧洲人、亚洲人、非洲人从未知晓的一个全新大陆。从对视野的扩大这一点来说，这是一个前所未有的大发现。而这一发现能作为发现为人所认知，葡萄牙国王的积极协助是必不可少的。在此我们必须再次回过头来思考一下恩里克王子的精神对于这次发现来说是多么的重要。

但是新发现的大陆几乎完全是一片未知的土地。开拓这个未知的世界，需要具有的不是稳健的恩里克王子的精神，而是辉煌的卡斯蒂利亚骑士的精神，并以极其冒险的野蛮方式执行。而且这与印度洋阿尔布克尔克攻占领土的事业是同时进行的。

投身于这一冒险的先驱者中，有一位特别出色的人物，那就是前文提到的哥伦布第二次航海的参加者中一举成名的阿隆索·德·奥赫达。他是出自名门的骑士，当时尚是二十三岁的青年，但却以过人的胆量在与土著人的战争中建立了功勋。接着二十九岁的时候他跟随亚美利哥·韦斯普奇赴南美探险，之后他继续探险，在一五〇八年三十八岁的时候，他将南美洲的北岸达连湾以东的地区划为自己的势力范围，这是为了与同时期的迭戈·德·尼古萨将自洪都拉斯地峡至达连的贝拉瓜地区划为势力范围的行为相对抗。翌年（一五〇九年）他率四艘船、三百个船员出发前往上文所述地区，队伍中有后来的秘鲁征服者弗朗西斯科·皮萨罗。奥赫达差点死于土著人的抵抗斗争，后为尼古萨所救。一五一〇年他在乌拉瓦湾建立殖民地圣塞瓦斯蒂安，但是因为土著人的反抗与粮食短缺而经营困难，因此他派船去海地求援，结果来支援的是一群劫持了西班牙粮船的流浪汉。于是奥赫达将殖民地交给皮萨罗管理，自己坐上那艘抢来的船再次回到海地寻求支援，却因抢劫船只事件牵连而被捕，释放后他一蹶不振，一五一五年死于贫困交加之中。

皮萨罗在一五一〇年的夏天，与残留的六十人一起放弃了圣塞瓦斯蒂安，分乘两艘船前往海地，途中一艘失事，另一艘与法学家马丁·费尔南德斯·德·恩西索的船偶遇。这艘船上的乘员有后来发现了太平洋的瓦斯科·努涅斯·德·巴尔沃亚。皮萨罗与恩西索同行后不久，恩西索的船又在达连湾东端失事，无奈只得改用陆路到圣塞瓦斯蒂安。但他们发现，刚离开不久，西班牙人的房子已经都被烧毁了，于是索性心一横，去了尼古萨的领

地 —— 达连湾的西岸。

这一提议是巴尔沃亚提出的。他是个贫穷的贵族，当时已经三十八岁。来到美洲是在十年前他还年轻的时候。那是在一五〇〇年，他追随罗德里戈·德·巴斯蒂达斯远征，从委内瑞拉湾经达连湾（乌拉瓦）到达巴拿马地峡，因此对这个地方有经验。之后，他又在圣多明各开始从事农耕，也没有成功，慢慢地债台高筑，他陷入了困境，只好潜逃。他躲在一个装粮食的粗板箱中混到了恩西索的船上。恩西索打算把这个充满冒险精神的男人当作战士利用，就留下了他。

达连湾西岸，尼古萨领地上的新殖民地被称为圣玛利亚·德尔安提瓜。恩西索开始依照法律概念治理这块土地，但是部下是一些莽汉，他们有服从军令的习性，却不愿被纸上的法规所束缚，不满情绪日益高涨，最后在巴尔沃亚的主导下发动叛乱，驱逐了恩西索。

这一时期，粮食短缺是南美各个殖民地共通的难题，因为土著人反抗白人，不提供粮食。巴尔沃亚的殖民地也面临着这个问题。正当此时，在一五一〇年十一月，有两艘为尼古萨运粮食的船抵达，给巴尔沃亚也分了一部分，但是尼古萨通过船上的人知道了巴尔沃亚的事情。尼古萨的船于前一年（一五〇九年）在巴拿马地峡受损，在现在巴拿马运河附近的农布雷·德·迪奥斯勉强生存，如今尼古萨听说巴尔沃亚在自己的领地里建了殖民地，立即带了六十个幸存者坐着那艘船于次年（一五一一年）三月来到巴尔沃亚的殖民地。但是巴尔沃亚并没有承认这位名义上的贝拉瓜领主，拒绝其登陆。翌日总算允许他登陆，但是使计将尼古萨从部下那儿引开，并强迫他发誓直接回到西班牙，然后就让他和十七个部下乘上最危险的双桅帆船，将他们放逐了。尼古萨就此下落不明，巴尔沃亚强占了尼古萨的领地。就这样，尼古萨与恩西索以及奥赫达的三支探险队的残存部队共三百人都落入了巴尔沃亚之手。皮萨罗也成了他的手下。

使巴尔沃亚一举成名的是"南海"——也就是太平洋的发现。巴拿马地峡只有四五十英里宽，濒临太平洋。但当时的探险家们对此情况却是一无所知。早在一五〇〇年巴尔沃亚就跟着巴斯蒂达斯来过这个地峡，从一五〇二年哥伦布在这一带的沿岸地区细细探寻，到尼古萨在巴拿马地峡辛辛苦苦建立殖民地，十年之中，没有一个人去探究这条地峡到底有多窄。然而现在巴尔沃亚想这么做了。事情的契机之一是巴尔沃亚在从殖民地出发进入内陆探险之时，听到某个酋长提到了"南方之海"的事情。另一个契机则是，眼看着巴尔沃亚将被西班牙政府承认，他急于建立大功勋以赎对恩西索与尼古萨所犯之罪。当时正是葡萄牙成功占领马六甲之后。

于是，巴尔沃亚在一五一三年九月一日，率领一百九十个西班牙人、六百个土著人从他的殖民地圣玛利亚·德尔安提瓜出发，往北行进了六七十英里后到达卡雷塔，以此为起点开始了横穿地峡的尝试。该地西侧有圣米格尔湾深深嵌入，是地峡最窄的地方，山脊的海拔也只有七百米，但是被可怕的密林覆盖，连阳光都不能穿透。一行人依靠卡雷塔酋长指派的向导引路，在原始森林中艰难行军，终于，到了九月二十五日那天，向导指着眼前的山脊说，出了那儿就能看到海了。巴尔沃亚马上让全队停下，他想作为最早的发现者一个人先享受远眺"南海"的一刻。因此，他一个人往前，登上山口，跪在那儿，两手向天，喜迎南方之海。像自己这样没有出众才能也没有高贵出身的人，也能被赐予这样盛大的荣誉，他发自内心地向神表示感谢。接着他招来了部下，将新发现的大海指给他们看，众人皆跪在地上。巴尔沃亚向神，特别是向圣母玛利亚祈祷让这次探险得以圆满完成，众人异口同声齐唱赞美歌。在这些人当中，皮萨罗的势力仅次于巴尔沃亚。

从那儿沿下坡路前进，九月二十九日到达圣米格尔内湾的萨瓦纳斯河河口。当时正值涨潮，巴尔沃亚手持剑与旗，步入齐膝深的海水中，宣布这片海从北端到南端，其中的陆地、海岸和岛屿皆为国王所有。

巴尔沃亚在这个海岸逗留了数周，征服了附近的酋长们，并尽可能详细地了解了这个地方的相关知识。图马科酋长谈到了南方的强国，说那儿有不可计数的财富，那儿的居民有船和家畜，家畜的形状奇特，好似骆驼。这些事情是达连人所不知道的。听了这些新消息，有一个人受到的震动非比寻常，不是别人，正是皮萨罗。

十一月三日，探险队踏上归途。途中他们掠夺各个土著人的部落，搜刮到的黄金几乎车载不动。而西班牙人没有一人战死。一五一四年一月十九日巴尔沃亚凯旋回到圣玛利亚·德尔安提瓜。他立即将这一成功事迹报告了本国，并在三月将献给国王的大量黄金和珍珠装上船送回西班牙。新大洋的发现实际上引起了巨大的轰动，其产生的结果对未来至关重要。但是巴尔沃亚本人的命运，却在数周之内走到了尽头。因为在有关巴尔沃亚新发现的报告到达本国之前，他对尼古萨的反叛行为东窗事发了。佩德拉里亚斯·德·阿维拉被任命为地峡方面的总督，以取代他的位置。新总督于一五一四年四月十一日率领二十艘船一千五百人出发了。如果在他出发之前有关巴尔沃亚新发现的报告能到西班牙的话，事态的发展可能就是另一个结局了。

新总督佩德拉里亚斯六月三十日到达圣玛利亚·德尔安提瓜。一行人中包括了此前新世界里没有的学者和骑士：后来写了《墨西哥征服史》的贝尔纳尔·迪亚斯·德尔卡斯蒂略、写了《印度群岛的通史》的贡萨洛·费尔南德斯·德·奥维多、以司法官身份赴任后撰写了《地理学集成》的法学家恩西索、记录了佩德拉里亚斯统治下西班牙人事迹的帕斯夸尔·德·安达戈亚、后来征服了智利的迭戈·阿尔马格罗、后来与皮萨罗一起征服了秘鲁并发现了中部密西西比河谷的费尔南多·德·索托，以及基多与波哥大的征服者贝纳尔卡萨，锡沃拉、奎维拉的征服者弗朗西斯科·瓦斯克斯·德·科罗纳多，后来在麦哲伦环球航行的船队中任首席船长的胡安·塞拉诺等。佩德拉里亚斯本人年已六十，暮气沉沉，在殖民地经营上也甚是拙劣，但是他带来的人却是颇有建树的。

　　巴尔沃亚常和佩德拉里亚斯的部下一起从殖民地出发去南边内陆地区探险，与土著人作战。到了第二年（一五一五年）七月，他发现南海的功绩被本国政府所承认，他被任命为南海的总督代理。总督佩德拉里亚斯对此感到不快。总督管辖下的南海沿岸是最有价值的优良之地，因此他不想把这块土地交给竞争对手巴尔沃亚，故给侄子加斯帕·莫拉莱斯及皮萨罗派了六十名士兵，派他们去米格尔湾攻打珍珠群岛。二人分别与三十名士兵一起坐小舟袭击了珍珠群岛中最大的岛屿里卡岛，一轮激战之后，降服了这个地方最强大的岛的酋长。酋长献上了满篮的珍珠，他在自家的塔上为殖民者们指点说明属于自己的岛屿时，又说到了遥远的南方那个强大国度的事情。皮萨罗再次受到强烈的刺激，旁边的莫拉莱斯却一心只想着如何榨取眼前珍珠群岛的财富。最后，酋长被规定每年上交一百马克[1]的珍珠。探险队踏上了归途，途中他们大肆虐杀掠夺，其残虐程度前所未闻，连巴尔沃亚都带着反感的情绪报告了这一残虐行为，但是总督的侄子没有受到任何惩罚。

　　不久，为了调和总督佩德拉里亚斯和总督代理巴尔沃亚之间的关系，达连的主教为两家说合了一门亲事。这门亲事表面上看

---

[1]　马克是古代欧洲的货币计量单位，最初相当于8金衡盎司（249克）纯银，后来演变为半磅。——译者注

来很圆满，但是其实这是佩德拉里亚斯为了除去这个麻烦的竞争者而设的一个局。不久机会来了。事情的起因是巴尔沃亚为了扩大其在太平洋沿岸的统治而感到焦虑。卡雷塔略往北有个港口叫阿库拉，他想从这里横穿地峡将造船的材料运到太平洋沿岸，结果这个工作相当艰难。首先，巴尔沃亚到阿库拉视察发现，由于受到土著人的袭击，房子被毁，守卫的士兵也被杀害了。因此不得不从降服土著人、让他们重新建房开始。其次，让土著人扛着造船材料和铁块横穿地峡也费时费力。第三，虽然造船的材料运到了太平洋沿岸，也因为长时间被放置在阿库拉的海岸上而遭到虫咬，不能再用于造船。而且为了搬运这些造船的材料牺牲了五百个土著人（一说二千人），却不得不从头开始。正当此时，在本国，费尔南多国王去世，传言称佩德拉里亚斯也将调职。巴尔沃亚觉得正好可以趁现在无人妨碍之机加快进程，结果这招来了谋反的嫌疑。总督召见了巴尔沃亚，为了面见总督说明情况并促进自己的事业，巴尔沃亚来到了阿库拉港口，总督却让皮萨罗把巴尔沃亚绑了起来。由埃斯皮诺萨进行了简单的审判后，巴尔沃亚与他四个部下都被判了斩首之刑，时间大概是在一五一七年的时候，当时巴尔沃亚四十二岁。

巴尔沃亚的处刑被认为对这个地方的开发是一件非常不幸的事情。但不管怎样，埃斯皮诺萨继承了他开创的事业，率领由他组建的由四艘双桅帆船组成的舰队于一五一九年建了巴拿马殖民地。这个城市在一五二一年获卡洛斯一世（德意志皇帝卡尔五世）被授予城市权，圣玛利亚德尔安提瓜从这一年开始不断衰退，一五二四年被完全放弃。地峡地区的中心转移到了巴拿马。

佩德拉里亚斯派遣的探险船队与巴尔沃亚的计划相反，他们沿太平洋海岸往西北方向航行。一五二一年到达尼加拉瓜，登陆后为包括酋长在内的九千名土著人施行洗礼。他们收获的黄金超过十万比索。这支探险队于一五二三年六月回到巴拿马。接着，被派去征服尼加拉瓜的埃尔南德斯·德·科尔多瓦建设了格拉纳达和莱昂等城市，后来因为谋求独立而被佩德拉里亚斯紧急出动逮捕，于一五二六年被斩首于莱昂。而佩德拉里亚斯在一五二七年二月回到巴拿马的时候，继任的佩德罗·德·洛斯·里奥斯已经在地峡登陆。于是佩德拉里亚斯退居莱昂，一五三〇年殁。一般认为，其十三年之久的恶政，给中部美洲这块美丽的土地种下了衰退之因。

五 征服墨西哥

巴尔沃亚死后十年间，佩德拉里亚斯只在尼加拉瓜进行了探险。而正当此时北方的墨西哥和南方的秘鲁都在发生着前所未有的新事件，非常鲜明地显示了视野开拓运动自然而然开始向领土开拓运动转化。当然，这是以探险，也就是作为对未知领域的视野开拓运动开始的。但这种未知领域的开化不仅仅停留在地理学的发现上，而是随着新的民族、新的国家生活的发现而让人直接感受到视野扩大本身如何赋予人以优越的力量，以及以视野扩大运动为特征的民族跟视野狭窄的封闭民族相比又是如何具有优越的力量的。因此，一旦发现新的国家生活就立刻开始对它的征服，这一倾向在此前西班牙人的探险中就已出现，但是当时的对手都是一些未形成强大组织的分散部落，因此也没发生什么能令人瞠目的事件。然而在墨西哥和秘鲁发生的事件，与新世界中最发达的两个国家有关。所以从这些事件我们可以清楚地看到为何有人会做出这样的评价："发明与发现使得文明人与野蛮人的区别如同神与人的区别一般泾渭分明。"

两个国家之中，北方的国家先行了一步。本来古巴与尤卡坦半岛之间只隔了一百英里，而且尤卡坦附近地区哥伦布曾经去过两回，每次都是功亏一篑。因此只要南部以达连湾为中心的探险活动改为去北方以古巴为中心活动的话，接触到尤卡坦也是很简单的事情。而制造了这一契机的，恐怕是巴尔沃亚等人的新发现所造成的刺激吧。

巴尔沃亚开着恩西索的船深入地峡是在一五一○年。第二年的一五一一年，迭戈·贝拉斯克斯作为古巴总督前来赴任。他立即征服了古巴岛，将土地分配给了征服者们。这个岛相当大，从本国涌来的冒险者们也是数不胜数。这些人都是喜欢冒险胜过安安稳稳开拓土地的，而这时频频传来发现了盛产黄金的土地这样的传言，年轻人们也想自己从事发现与征服的工作，就聚集了起来。他们先准备了两艘船，推选埃尔南德斯·德·科尔多瓦为队长，又雇了安东尼奥·德·阿拉米诺斯为船长。总督拿出了装备另一艘船的资金支持他们。探险队是在巴尔沃亚被处刑的一五一七年的二月出发的。出发后发现，尤卡坦半岛其实非常容易找到。也就是说，这次发现最关键的点其实是在古巴开始策划向西方探险的那一刻。

但是这一发现的意义却是出人意料地重大。距离哥伦布探险已经过了二十五年，西班牙人在这个地方发现的都是文化程度很低的未开化民族。往前一步接触到尤卡坦半岛后，就发现那儿存在着一个文化程度完全不同的民族。那儿有华丽的石头房子，人们穿着木棉制的衣服，雕刻装饰的殿堂里供奉着庄严的神像，还使用一种非常独特的象形文字。玛雅文化直至今日还是神秘莫测、充满谜团，因此不难理解当时突然接触到这一文明的西班牙人的震惊。这种震惊里面还夹杂着一种恐惧之情，这从后来西班牙人占领了这个地方以后把玛雅文化的产物毁坏得非常彻底这一点上就能看出来。

科尔多瓦的探险队在沿岸的各个地方尝试登陆，都被土著人击退。行进到尤卡坦西海岸中部时科尔多瓦身负重伤，不得不中止探险返回古巴，登陆十日后离世。但是，这次的发现激发了总督的雄心大志，他开始准备新的船队。第二年的一五一八年四五月，总督派自己的侄子胡安·德·格里哈尔瓦率领四艘船前往尤卡坦。领航员还是上一年的阿拉米诺斯。这支探险队到了尤卡坦半岛根部的塔瓦斯科后与土著人建立了友好的关系，然后再往西，在韦拉克鲁斯港附近的小岛登陆。这儿的文化程度更高，但是西班牙人在这儿看到了人祭的习俗。然而，格里哈尔瓦并不介意，他与酋长友好地互赠了礼物，用玻璃球、针、剪刀等物换得了价值一万五千至二万比索的黄金与宝石。他们终于找到了黄金之国。格里哈尔瓦进一步北上来到坦皮科，十一月回到圣地亚哥。

总督对这次的成功大为惊喜。他一边向本国报告，并请求管理新发现之地，一边为了探索这个黄金之国而打造了大舰队，任命费尔南多·科尔特斯为司令官。

至此，费尔南多·科尔特斯登上了历史的舞台。他是当时西班牙"征服者"中最优秀的英杰。他于一四八五年出生于西班牙西部的埃斯特雷马杜拉州，在萨拉曼卡大学学习过两年，是当时殖民地队长中少有的有教养的人。一五〇四年，他在虚岁二十岁时，受到当时在年轻人中风靡一时的冒险热的影响，来到圣多明各总督奥万多的麾下。七年之后，他参加了贝拉斯克斯征服古巴的行动，在这儿得到了自己的领地。他因为自己的学问而成为贝拉斯克斯的秘书，后来又被任命为圣地亚哥的法官，年纪轻轻就成为岛上的最高官吏之一。这是因为他本人是个杰出人物。他作为骑士在训练中博识多才，做决定时勇敢坚毅，立计划时深思熟虑。他颖悟过人，头脑清晰，而且又能言善辩、充满热情，因此善于驾驭人心。这样的性格使他成了这个新世界里少有的指挥者。

科尔特斯成为司令官的时候才三十三岁。他本人也承担了一部分建造舰队的任务，并使总督非常满意。他建造的舰队由十一艘船组成，首席领航员还是阿拉米诺斯，军队中西班牙兵四百，土著人二百，西班牙兵中步枪狙击手只有十三人，用弩的狙击手也只有三十二人，其他还有骑兵十六人，重青铜炮十门，轻蛇炮（长炮）四门。这就是马上要袭击一个强大国家的全部兵力。

出发前，贝拉斯克斯改变了主意，想撤销科尔特斯的司令官任命，但是科尔特斯先他一步从古巴岛西端的集合地出发了，时间是一五一九年二月十八日。他绕着尤卡坦半岛行至塔瓦斯科河，因为河口较浅，大型船舶无法进入，故换用小型的二桅帆船与武装小船，科尔特斯本人亲自溯江而上。到了塔瓦斯科，他们向土著人表达了和平的意愿，但是土著人回敬他们的只有起哄声。科尔特斯于是强行在敌前登陆，以土著人意想不到的大炮和骑兵队，将四万（科尔特斯自称）土著人士兵击溃，二百二十名土著人战死。次日酋长们投降，献上各种贡品和二十个女人。其中有一个后来被称为玛利亚夫人的墨西哥出生的女子，在科尔特斯的征服事业上发挥了重要的作用。

接着，四月的时候到了韦拉克鲁斯，科尔特斯让全军登陆。两天以后阿兹特克的长官来拜访他，科尔特斯称自己是大海彼岸的强大君主派来见这个国家君主的使者，恳请能允许他们在国内行军以递交礼物并传达使命。长官为了向国王禀报，将这些从海上来的白人画在了画上。科尔特斯为了给这份报告图增添效果，用大炮与骑兵为他们进行了一场演习。之后他就在沙丘的后面构筑了阵地，等待国王的答复。

科尔特斯初次听到墨西哥（Mēxihco）之名是在三月末征服塔瓦斯科时，四月末已如上文所述申请行军至其首都以觐见国王。这个决定不像是在了解墨西哥王国的情况以后所作的。也许是塔瓦斯科之战给了他自信吧，但即使是这样，他的军力也是微不足道的。从这儿我们可以清楚地看到当时"征服者"们的冒险型性格。他成功的很大一部分原因在于他偶然抓住了可乘之机，而他的厉害之处在于他能迅速看清偶然发生的事件的状况，并巧妙地加以利用。

那么当时墨西哥的国情是怎样的呢？

墨西哥王国的中心地带是阿纳瓦克高原，海拔二千米左右。首府特诺奇蒂特兰（墨西哥城）所处的谷地有二千二百米，与墨西哥湾沿岸的低地之间有山脉相连，其中有的高山海拔超过五千米。因此只有险峻的山道通往海岸。这一山脉起于西部，止于高原的南部，在特诺奇蒂特兰附近形成海拔五千四百米的波波卡特佩特山和五千二百米的伊斯塔西瓦特尔山，与墨西哥的湖泊一起形成美丽的景观。

这个墨西哥的谷地往北大约一百公里左右的地方有一个叫图拉的小城，不知来自何处的托尔特克族移居到这儿，据说七世纪的时候已经以此地为首府，建立起了一个强大的王国。它其实可能是个被神话了的民族，又或者只是小型部落。但不管怎样，一般认为，栽培玉米、木棉和辣椒等作物、加工贵金属以及建造宏伟的石头建筑等墨西哥特有的文化都来自这个民族。对于西班牙入侵时的土著人来说，托尔特克族统治的时代是作为过去的黄金时代留在记忆中的。可能是这个族迁到了南方，在尤卡坦、洪都拉斯等地传播了他们的文化吧。

征服或者驱逐了托尔特克族的是十一二世纪时从西北方侵入的奇奇梅克族，这个族在墨西哥的湖的东侧建起了特斯科科城，统治了阿纳瓦克高原。据说从这个时候开始，墨西哥的仁政消失，通过武力实现的高压统治时期开始了。他们的统治很快被好战的特帕尼克族推翻，但奇奇梅克族得到了阿兹特克族的支援，又恢复了政权。这个阿兹特克族也是外来的部族，他们因在湖中的小岛建起了特诺奇蒂特兰而开始显露头角，一般认为这是十四世纪初的事。

不久阿兹特克族征服了上文所述的奇奇梅克族，建立了王国。这是一四三一年的事，离西班牙人到来只有不到一个世纪的时间。之后阿兹特克族势力激增，不断用武力征服附近各部族，领土不断扩大，东至大西洋，西至太平洋。一般认为在这片曾经实行过贵族政治的国土上树立起近乎绝对王权的是阿兹特克族。也就是说，十一二世纪由奇奇梅克族开始的武力统治运动至此已走上巅峰，有很多的封建贵族在宫廷中直接侍奉这位君主。但是阿兹特克族实行的专制君主制成立时日尚浅，要支撑其统治，依然需要通过武力来实现。而在强压下被统一的各部落，尚未形成紧密的团结。这正是这个国家脆弱的地方。而让西班牙人极度愤慨的血腥的人祭习俗，也被认为是阿兹特克族恐怖政治的产物。阿兹特克族为了给神明的祭坛献上祭品，从墨西哥湾至太平洋被征服的诸部族中征调无数的人牲。据说每年数量达到两万以上，人牲的头盖骨垒成了金字塔，仅科尔特斯的一个部下就在某处数出了十三万六千个头盖骨。只能说，那些被征服的各个部落殷切地期盼着能从这种恐怖政治中解放出来，是理所当然的。

这些部族为纪念武力统治实行之前的托尔特克族而崇拜魁札尔科亚特尔，这反映了他们对解放的渴望。本来墨西哥祭祀着两千位以上的地方神，而作为阿兹特克族的民族神，使用人牲祭品最多的是维齐洛波奇特利，据说这是将阿兹特克族带到阿纳瓦克高原的祖先神格化后产生的。而魁札尔科亚特尔是原托尔特克族的祭司，据说也是宗教改革家，他因为想制止人牲祭祀而被驱逐出国境，人们相信他是从东边的海岸消失的。后来他被尊为天空之神，作为把农耕以及金属工艺技术传授给这个民族的仁慈之神而受到敬仰和崇拜。他的形象被描述为：外形高大，皮肤白皙，有着波浪般飘动的髯须。他坐着蛇皮制的魔法之舟，声称在不久后的某一天他会回来夺回这个国家，随后他的身姿消失在东方的海岸。所有民众都相信他不久就会回来。这时，白色皮肤的西班牙人从东方之海的彼岸来到这儿，被压迫的人们相信魁札尔科亚特尔的预言成为了现实，连国王也深信不疑。

科尔特斯在这样的国情下乘虚而入，由此看来，他一举击破的是联系这个王国的纽带，因此不得不说（他的成功）也是极其自然的。墨西哥的文化本身并没有衰弱幼稚到被数百个西班牙士兵与十几门大炮任意蹂躏的地步。

墨西哥继承并发展了托尔特克文化，其农耕文明高度繁荣。除了玉米、木棉、辣椒以外，也产芦荟、可可、香草等。芦荟叶的纤维可以制纸，芦荟汁可以造酒。可可豆被当作小货币通用，也可制成巧克力。当地最常吃的水果是香蕉，烟草用烟斗抽吸或者卷起来制成雪茄。采矿业也很发达，但是尚未发现铁，刀具是使用黑曜石的尖锐碎片制成的。这里广泛使用陶器，杯子则是木制的。木棉的织物巧妙精致，上面施以刺绣。在城市里，集市定期开市，非常活跃。交通网和驿站遍布全国。政府的命令由信使送达各处。军队的组织以八千人为一个师，三四百人为一个战斗队。军服是以厚棉布所制，以防御飞来之武器。指挥官着金或银的盔甲。武器有剑、枪、棍棒、弓矢、投石器等。学问掌握在祭司的手中。其文化中有一点非常独特：使用太阳历，以二十日为一个月，一年十八个月，加上年末五天的无名日构成一年。按照太阳历定祭日和牺牲日。象形文字以颜料书写在以龙舌兰纤维制成的纸或木棉布、精制皮革上，也有以同样方式描绘的整个王国和各个州、海岸等的地图。

这是一个完整的、独立的文化，同时也是非常封闭的文化。墨西哥人的视线里没有美洲其他文化圈的文化，对于探求大洋彼岸的国土更无丝毫欲望。这一封闭性也是一个弱点，加在前文提到的缺点上，就好像是火上浇油。

西班牙人刚来的时候，当时的国王叫蒙特祖马，于一五〇二年继位。与所有阿兹特克族的国王一样，他热心于扩张领土，扩大祭祀规模，危地马拉、洪都拉斯、恐怕连尼加拉瓜，他的军队都曾远征过。但是墨西哥东边只隔了一座山的特拉斯卡拉部落却尚未臣服于国王。这也是国家的统一没有完全实现的重要原因吧。而这种不完全使得国王经常因为对周围起疑心而忧心忡忡。比如他为了知道臣下有没有在他背后施行恶政，每晚都乔装打扮走街串巷去了解民声；再比如他因为害怕别人觊觎他的王位而将有血缘关系的人除去。再加上一五一六年他在奇奇梅克族首府特斯科科君主死后的继承权争端中扶持其中一方而得罪了其他各方势力，因此，热心于大规模远征行动的国王，身边却是敌人环伺。

在这样的形势之下传来了西班牙人登陆的消息，人们头脑中首先浮现的是魁札尔科亚特尔归来的传说。从海上来的这些白皮肤的人，一定是被驱逐的神的后裔。大本山神殿的塔被焚毁，东方出现奇异之光，三颗彗星出现在天空，人们认为这些现象是那个预言将要实现的前兆。国王召开了评议会，会上主战派和主和派对峙。而国王发表了自己的独立意见，选择了中间的路线，也就是给科尔特斯赠送厚礼，恳请他们放弃来首都的念头。国王送的礼物中包括像车轮一样大的金银圆盘（象征日月），有盛满从矿山采到的天然纯金粒的头盔，其他还有很多鸟兽形状的黄金工艺品、装饰品等等，他希望西班牙人能带着这些礼物就此返回家乡。

但是丰厚的礼物却更刺激了西班牙人。科尔特斯回答说他是受命前来与国王晤谈的。结果第二个使者带着新的赠礼出现了，他重提了之前的要求，科尔特斯没有听从。西班牙人与宫廷的关系因此恶化。土著人远离了西班牙人的营地，也不再提供食粮。科尔特斯当然因此陷入困境，但是这个王国的脆弱之处此时也呈现在他的面前。

科尔特斯所登陆的韦拉克鲁斯北面的海岸上住着托托纳克族人，这个部族不管是在身体特征上还是语言上都与阿兹特克族不同，不久前被蒙特祖马征服。托托纳克族人邀请科尔特斯去他们的城市，这使科尔特斯认识到在墨西哥王国中能找到自己的盟友，基于此，他才得以制定征服墨西哥的计划。

于是他首先在登陆地点建了西班牙式的城市，韦拉克鲁斯这个名字就是这时候取的，他把西班牙人的目标，也就是黄金与基督教结合在一起，用 Villa rica de la vera cruz（真正的十字架的富裕之地）来称呼这个城市。科尔特斯的心腹组成了这个新城市的市议会，在市议会上科尔特斯辞掉了贝拉斯克斯给他的职位，市议会直接以西班牙国王的名义任命他为最高司令官和法官。演了这一出戏以后，韦拉克鲁斯成为西班牙国王的直辖之地，独立于古巴总督。总督派由此感到不快并企图反抗，但立即被镇压了。

接着科尔特斯去了托托纳克族的城市，受到了隆重的欢迎，他宣布这座城市为西班牙的领土，建基督教的祭坛以取代神殿，让居民们接受洗礼。居民虽然只有两三万人，但这一事件意义重大。科尔特斯在这儿详细打听了特拉斯卡拉王国的事情，它跟托托纳克族一样对抗阿兹特克族而且尚未被征服。他因此确信，在托托纳克族发生的事情在特拉斯卡拉王国也同样可能发生。

科尔特斯入侵阿纳瓦克高原，可以说是背水一战。首先他得到士兵们的同意，将他们上陆后获得的黄金、装饰品全都送给了西班牙国王，接着市议会恳请士兵们承认以科尔特斯为最高司令官。总督派的军人暗中策划要回到古巴，事情败露后主谋被判了死刑。科尔特斯为了杜绝这样的事情，全舰队只留了一艘小船，其他船只全部上岸。据说这是在全体队员的同意下公开进行的，后路既断，只能前行了。

韦拉克鲁斯城中留了士兵一百五十名、骑士十二名作为守备队，由西班牙兵三百人、托托纳克族士兵一千三百人、夫役千人、骑士十五名、大炮七门组成的远征队于八月十六日 —— 他们到达这个地方的四个月后出发了。从热带低地翻过温度急剧下降的山脉地带，五天就到了阿纳瓦克高原。当地居民较为平静，而科尔特斯则以战斗队形向特拉斯卡拉进军。这个部族在十二世纪时进入这片土地，经历了几次战争后，在这儿定居下来，没有国王，形成了四位君主共同执政的联邦制。他们对阿兹特克族的反抗非常激烈，一直没有臣服，对新来的西班牙军也持激烈的反抗态度。士兵据说有十万，但是科尔特斯还是在九月五日靠大炮取得了最后的胜利。科尔特斯提出双方建立友好关系，特拉斯卡拉国接受了。这些外国人是蒙特祖马的敌人，托托纳克族的这一介绍非常奏效。同以蒙特祖马为敌的特拉斯卡拉国与科尔特斯结了盟。可以说这个时候科尔特斯的墨西哥征服大业已经成功了。

蒙特祖马听说自己以极大的兵力都没能使之臣服的特拉斯卡拉在与白人作战时一击即溃，他更坚信这些白人就是人们一直等待的魁札尔科亚特尔的后裔了。所以他又派使者带着礼物前去，劝告他们说进军到墨西哥首都是一次危险的冒险。不仅如此，他还提议向西班牙国王进贡，金银宝石彩布的数量可以由科尔特斯决定。但是科尔特斯还是坚持自己原先的说法，没有改变。

科尔特斯的军队进入特拉斯卡拉之城是在九月二十三日，在这个比格拉纳达还要大的城市里，他们天天在众多围观者面前举行弥撒。以君主的女儿为首，众多的贵族小姐也接受了洗礼，与西班牙的将校缔结了婚姻关系。这样，在这个地方休整的三周中，科尔特斯对墨西哥的国情与战力做了详细的研究，对被蒙特祖马掠夺压迫的各部落对墨西哥人的憎恨、被强权征募的军队的士气低下等问题都有了更清楚的认识。以区区三百名西班牙士兵强行进入这一以强大武力统治的国家的首都，在科尔特斯这一极为大胆的行为背后，是十分冷静的观察和考量。

增加了六千名特拉斯卡拉士兵后，科尔特斯开始向墨西哥进军。途中，他们先占领了乔卢拉城，这是魁札尔科亚特尔在迁往海岸途中曾经待了二十年的地方。为了纪念他，这儿建了壮观的神殿，神殿下有层层台阶，总高达一百七十七英尺。神殿里面供奉着巨大的神像。这位神明不希求人牲，但是这个地方却还是有人牲供祭的习俗。神殿以外还有四百座牺牲塔，被当做人牲的男人和孩子关满了牢笼。西班牙人先解放了这些囚人，接着又因为看破了敌人的阴谋计划而放纵特拉斯卡拉军队实行杀戮掠夺。大神殿也被破坏焚毁。周围的城镇见此纷纷来降。

　　从这个地方到墨西哥，要经过两座高山之间的通道。从山口上往下一览墨西哥谷，风景极为美丽。山顶是积年不化的白雪，山麓下平静地躺着一片长十四五里、宽七八里的湖面。湖畔点缀着很多城镇与村庄。首都特诺奇蒂特兰在湖中的岛上，有三条堤道通往三个方向。当时是一座有约六万户人家、人口三十万人以上的大城市，跟萨拉曼卡一样的大集市就有好几处。用于献祭的神殿建立在一百一十四层台阶的高台上，俯瞰着下面的家家户户，周边有四十座石造塔围绕。之后下了山来到湖边，从这里望去，石塔、神殿、人家仿佛漂浮在水上一般，这梦幻中的美景让西班牙人心旌摇荡。他们所住的湖畔宫殿是用磨成四方形的美丽石头和杉树及其它香木建成的，每个房间都挂着木棉的挂毯，好似在展示着这个国家的财富与力量之大。

　　一五一九年的十一月八日，科尔特斯的军队终于进入特诺奇蒂特兰。堤道宽八步[1]，前来围观的人挤得水泄不通。塔上和神殿里也挤满了人，湖面上也全都是围观的小船。这也可以理解，因为他们以前从未见到过白人和马。但是穿过这人山人海的西班牙

---

[1]　步，长度单位，一步约为1.8米。——译者注

人，不过是支三百个人的小队而已。无怪乎贝尔纳尔·迪亚斯写了这样一段话："以前可曾有人策划过如此大胆的冒险活动？"

城中的大道上，墨西哥王坐在贵族们抬着的宝座上，带着二百个盛装的随从出来迎接他们。西班牙人走近后，国王走下宝座，踩着为他铺好的地毯走了过来。他穿着色彩鲜艳的衣服，头戴装饰着绿色羽毛的王冠，脚上穿着镶嵌宝石的黄金鞋子。看客不允许直视国王，所有的人都毕恭毕敬地垂下了双眼。科尔特斯下了马，靠近国王，将一条玻璃球的链子挂在国王的脖子上作为礼物。他甚至还想拥抱一下国王，但这一行为被认为是对神圣的亵渎而被国王的亲信贵族阻止。国王给科尔特斯他们留下了丰厚的礼物后带着随从们回去了。

西班牙的军队奏着乐、高举着旗帜进入了首都，六千特拉斯卡拉士兵紧随其后。正对着城市中央宽阔市场的是高大的战神殿堂与宏伟的旧王宫，后者是国王为新来的客人指定的住所。这儿好点的房间里都挂着彩布的壁挂，地上铺着地毯。科尔特斯加固了这个本来就非常坚固的建筑的各个重要地点，在门口设了大炮。晚上国王来访，对他们详细地讲述了魁札尔科亚特尔传说，并称，从听到的关于西班牙和其国王的事情来判断，他确信西班牙国王才是墨西哥正统的君主。因此科尔特斯可以任意处置墨西哥国王及这个国家，降服墨西哥这件大事一天之内就大功告成了。

但是对科尔特斯来说，只有国王的臣服是不够的。翌日他带着四个队长去那座石头建造的宫殿拜访了国王。他们在以打磨得可以照见人影的大理石、碧玉、斑岩为壁的室内，或在挂着昂贵的花鸟刺绣壁挂的室内与国王进行了会谈。会谈时科尔特斯宣称他奉西班牙国王之旨要蒙特祖马改信基督教，并开始进行教义的讨论，但是曾经担任过最高司祭的墨西哥王回避了这样的讨论，只是一再表示愿意臣服西班牙国王，并称已准备了上贡的贡品，这意味着这次远征所标榜的真正目标还没有实现。

一周之后科尔特斯决定以韦拉克鲁斯的守卫队遭到附近酋长袭击为由囚禁国王。科尔特斯前往王宫抗议国王唆使手下实施了这次袭击，要求处罚酋长。国王同意召来酋长，但科尔特斯并不满足于此，他要求国王在事件解决之前必须住在旧王宫中。他咄咄逼人，拒绝了国王提出的以子女为人质的提议，并坚称只有国王本人才能保证西班牙人的安全。最后他的部下失去了耐心，出言恐吓说，若不同意就要杀了国王。国王被其气势所迫，只得同意移居旧王宫，对外则声称是出自国王本人之意。西班牙人对国王甚是尊重，国王的日常起居都与以前无异，因此表面上看似乎是毫无变化，但是国王本人却感觉深受折磨。

不久，引发事端的酋长带着他的儿子和十五个部下来到首都，被引渡给了科尔特斯。在供认称受了蒙特祖马的唆使后，他们在王宫前的广场上被处以火刑。行刑之时，国王作为唆使者亦被锁于一旁，之后虽被释放，但他没有回到自己的王宫。他自觉无力去压制人民的愤怒，也无力去制止人民反抗外来侵略，已失去自信的他选择躲在西班牙人的羽翼之下。有几个王室贵族因为不堪屈辱愤而起兵，皆以失败告终。国王在酋长等贵族们参加的集会上宣誓向西班牙国王效忠，称这是魁札尔科亚特尔的预言成真的一刻。"从今往后你们要服从你们本来的主君卡洛斯国王，以及他的代理人将军阁下。你们向我交的租税今后要交给这位主君，你们要像服从我一样服从这位主君。"国王在眼泪与叹息声中结束了这次讲话。科尔特斯让公证人起草了降书，双方在降书上签了名。

西班牙人带领当地官员巡视全国各地，到处征税，并接收给西班牙国王交纳的贡品。蒙特祖马也从私人财产中提供了无数的金银制品。科尔特斯因此得到了大量的黄金。事情看上去好像一帆风顺，只用了一次高压手段就使政权平和地移交到了西班牙人的手中。但是这一假象很快就被西班牙人的内讧和由此而引发的墨西哥人的反抗所打破。

内讧是由古巴总督贝拉斯克斯欲压制背叛自己的科尔特斯而引起的。总督向本国投诉科尔特斯的蛮不讲理，并派了远征队去捉拿科尔特斯。远征队共十八艘舰船，八百名士兵，其中包括八十个火枪手，一百二十个弩兵，八十个骑兵，还带了十七八门大炮，比科尔特斯的远征队强大得多。海地的副王欲阻止古巴总督，但没有成功，于是就支持科尔特斯，向本国举报了总督及其远征队长。

远征队于一五二〇年四月二十三日到韦拉克鲁斯，登陆后即要求科尔特斯的守卫队投降。守卫队的队长将使者等人直接送到科尔特斯之处，科尔特斯厚待了他们，并将墨西哥的情况一一告知，让远征队站在了自己一边。想要新来的远征队全体倒戈也并非毫无希望，问题只在队长一个人身上。科尔特斯向队长请求和解，给将校军官赠送了大量的黄金，又率领七十名部下和两千名土著士兵急忙下了山，途中与探险归来的部下以及海岸的守卫队汇合，西班牙士兵达到二百六十名。他率领这支部队在圣灵降临节前夜突袭了新来的远征军的宿舍，抓获了队长。最后队长的部下宣誓效忠于科尔特斯，因此从结果上来看，相当于科尔特斯白白得了一支增援军。

但是，在他离开期间，墨西哥还是发生了大事。留在那儿的守卫队士兵大约有一百四十名。在盛大的牺牲节之日，因为害怕有人想夺回国王，守卫队袭击了人群，造成了流血事件。结果引发了全城人的反抗，人们猛烈地攻击了旧王宫的守卫部队。科尔特斯率领全部兵力前往救援，并于夏至之日到达。他的部队共一千三百人，其中包括九十名骑士、八十名火枪手、八十名弩兵，但还是无法抵御。虽大炮连发，但聚集的墨西哥士兵反而越来越多。科尔特斯决定撤退，并试图利用国王打开退路。国王盛装登上高塔的阶梯，民众安静了下来。国王高喊："我不是俘虏，西班牙人让你们退开。"这些话让民众觉得国王是个懦夫，故朝他大喊："把王位让给你的堂兄弟——伊斯塔拉潘的主君，你发誓，在杀光西班牙人之前，绝不放下武器。"随声而至的是如雨般落下的石头与箭矢。周围人来不及用盾牌为国王遮挡，国王全身多处受伤，并因被一块石头击中了头部而陷入昏迷。此奇耻大辱对蒙特祖马的精神是一大打击，苏醒后他拒绝了一切治疗，于一五二〇年六月三十日离世。

国王之死使得对西班牙人的攻击变得更为激烈。堤道上的桥全被拆掉了，粮食也已告罄，第二天，七月一日晚上，科尔特斯欲使用移动桥梁撤退，但是，石头和箭矢如雨般从陆地上和湖中的无数小船上射来。这是一场艰苦卓绝的苦战，当年与科尔特斯同时入城的士兵一千三百人，脱身的只有四百四十人，且尽皆负伤。大炮弹药尽失，战马倒下了四十六头。科尔特斯率领残兵艰难撤退，他们沿着湖泊西侧往北，七月七日到达古都特奥蒂瓦坎（众神之所），在那儿等着他们的却是最大的危机。在古都东方的奥图巴平原上，这些残兵败将们被号称二十万人的墨西哥大军包围了。这是一场绝望的混战，科尔特斯本人也被投石击中头部负伤，但是，在乱军之中，他与数骑冲杀奔向敌将，将之击倒后夺取了战旗，墨西哥的大军因此大溃。这样，科尔特斯千辛万苦撤退到了特拉斯卡拉，在此养伤，而此时，他的部下士气沮丧，特拉斯卡拉人也是人心动摇。但这样的逆境也没有使他气馁，可以说是气魄惊人了。

墨西哥国虽一度臣服，如今不得不再次使用武力去征服。科尔特斯让残军败将恢复了攻击力，靠的就是优于墨西哥人的智慧与技术。伤病痊愈后，科尔特斯跨出的第一步是借助特拉斯卡拉人的力量征服东南方之地。他以此重建了在特拉斯卡拉人中的威信，这是这个时期最需要的。第二步是拉拢毫不知情的古巴总督送过来的援军，因此他的势力比初到阿纳瓦克高原时更为强大。在策划对墨西哥的进攻时，他想到了以船来实现对湖面的控制这一方法。用欧洲的造船术和航海术来压制阿兹特克的战船，就可以孤立湖中的墨西哥城。因此他下令建造了几艘双桅帆船，从韦拉克鲁斯运来索具和铁，船体则在特拉斯卡拉生产后运到湖边组装。这一手法与太平洋的发现者巴尔沃亚最初为了征服殖民地而采用的手法相同。

一五〇二年十二月中旬，科尔特斯率步兵五百五十、骑兵四十，带大炮八九门从特佩阿卡出发，经北方的山路到达特斯科科。为了使新造的十三艘舰船可以进入湖泊，他着手将连接城市与湖泊之间的约半里格长的护城河挖到十二英尺深，还派兵远征以侦察湖畔形势，军队征服了沿岸不少大城小镇。期间海地派来援军，有步兵二百，骑兵七八十人。科尔特斯还不惮被俘，冒险进攻了湖泊南端的城市霍奇米尔科。他的强势作风不是没人反对。总督派又一次策划了谋反。而科尔特斯只处死了一个主谋，没有追究其他人之罪。

一五二一年四月二十八日护城河的工程终于完成，船下了水，一艘船配备一门大炮、二十五名士兵。这十三艘欧洲式军舰的出现扼住了墨西哥城的命脉。因为这一举解决了如何进入为数千艘战船所包围的堤道这一难题。与战船队第一次战斗的成果远超预期。当五百艘战船前来侦察时，科尔特斯本来计划先故意诱敌靠近后，以大炮击之，再以高超的舰船操纵技巧一举夺得胜利，但是突遇从陆地刮来的顺风，故立刻将双桅帆船挂起满帆，冲进了敌方船队。他命令舰队追击直到墨西哥城。敌方无数战船被撞沉，船员纷纷溺水。他乘胜追击三英里，将敌方的船队歼灭。这一战使科尔特斯拿下了湖上的支配权。接下来只要在军舰的掩护下慢慢逼近通往墨西哥城的堤道就可以了，一个被阻断了水道粮道的湖中之城，在重重包围之下是支撑不了多久的。

　　针对在这一理论指导下的攻击，阿兹特克族是怎么抵抗的呢？上一任国王蒙特祖马看破命运，放弃了抵抗。但他的性格代表不了好战的阿兹特克族人。蒙特祖马死后，他弟弟继位，四个月后去世。这时他的侄子——二十五岁的瓜特穆斯继位，在这位国王的领导下，阿兹特克族不顾一切拼死奋战。他们切断了湖中的堤道以防西班牙人进入，一个地方被填上，他们就马上在后方挖新的壕沟，制造路障进行顽强的抵抗。陆地上、水面上到处回荡着他们粗狂的吼声。他们也有着奋不顾身的勇气，这一点绝不在西班牙人之下。但是智慧与技术决定了这场战争的胜负。西班牙人最后还是到达了城内，他们用大炮击破了道上所设的各个堡垒，一路突破来到了大神殿，破坏了里面重建起来的神像。特斯科科的主公见大势已去，即率五万士兵投降，其他的城市亦纷纷效仿。但是墨西哥人没有屈服，他们每天不断发起进攻，即使家园被烧，饥饿不堪，他们也拒绝了各种和谈的条件。这一顽强的抵抗持续了整整三周，终于使科尔特斯下定决心，进行总攻。混战之中，科尔特斯本人差点成为俘虏，幸有年轻士官挺身而出作了他的替身，他才得以逃脱。西班牙士兵战死者四十，被俘者六十二，同盟军的损失亦很惨重。入夜，战神之殿大鼓齐鸣，战士们组成长列，登上了阶梯。被俘的西班牙士兵们被饰以羽饰，并被要求在神像前跳舞。然后他们被按倒在人牲台上，活生生地被取了心脏，献给了战神。从科尔特斯的军营能看到这一切，敌人的残暴也激发了围军的残暴。经过八天的休养之后，新的总攻又开始了。城镇的家家户户被破坏焚烧殆尽，王宫也燃起了熊熊大火。战争使饥荒更为严重，民众只得以草根、杂草、甚至木材来果腹，但是阿兹特克族还是坚决不投降。他们决意与王国共存亡，能埋葬在首都的废墟之下，他们心甘情愿。

从一五二一年的五月三十日到八月十三日，围城持续了七十五天。这一局面最后以国王乘船逃走时被双桅帆船捕获而终结。因为饥饿而衰弱到只能勉强移动的男女老少挤满了堤道，三日三夜才散尽。国王坚守这座城市到了最后一刻，城中有些人家已全家饿死，而幸存者也已连站立的力气都没有了。据说当时的死者总人数在十二万至二十四万之间，而这个城市在非战时的常住人口只有三十万。

墨西哥陷落后，附近的各部落纷纷投降。西班牙人收获的黄金难以计数。科尔特斯在制作城市的重建计划时，巧妙地将教会建在了神殿的遗址上。并在坚固的要塞中增加了能掩护双桅帆船的设备，这样即使城内发生暴乱，他们也能确保对湖上的支配权。

这一新的城市在一、二年内迁入了两千户西班牙家庭，一五二四年人口达到了三万。而另一方面，土著人在原有的国家组织、社会秩序被破坏的同时，陷入了令人痛心的道德颓废，沦为征服者们的奴隶。人祭之风习被根除，而与此同时，原有的文化与产业也被破坏殆尽。

科尔特斯的墨西哥征服得到本国的承认，他本人被任命为新西班牙总督及总司令官，是在墨西哥陷落后的第二年——一五二二年的十月。此后，科尔特斯的治国重点转到了如何在墨西哥确立西班牙的权力以及对附近各地的探险征服上了。而打通通往太平洋的通路是他特别急于实现的目标。他最初在特万特佩克地峡，后来是在洪都拉斯湾的深处探寻，毫无收获。但是他没有气馁，制定了进一步往北或往南的探险计划。与此相比，征服危地马拉的功绩却是显而易见的。玛雅人在这儿接受了托尔特克人的文化，建起了美丽的建筑，但是一五二四年被科尔特斯部下的远征队破坏并征服。之后征服洪都拉斯之事也提上了日程。但是由于这支远征队的司令官与古巴总督里应外合，科尔特斯只好亲自率领部队横穿尤卡坦半岛根部前往洪都拉斯的北岸。行军途中要穿越原始森林和沼泽地带，极为困难，但是科尔特斯还是强行突破，到达了目的地，但是他发现叛乱已经解决。而在墨西哥，则有谣言称科尔特斯的远征队已经全军覆没，一时人心惶惶。最后科尔特斯回到墨西哥是在一五二六年的五月末。这时，他的巅峰期已经结束了。四个星期后到达的西班牙政府的全权使节开始对针对科尔特斯的各项诉讼展开调查。

　　为了直接为自己辩护，科尔特斯载着大量的金银和土特产，带上了勇敢的部下和特拉斯卡拉的贵族子弟以及很多墨西哥艺人回到了本国，时间是在一五二七年十二月。在本国，他与回国寻求政府支持其征服秘鲁计划的皮萨罗会合。这可以说是象征着墨西哥征服事业如落日西倾，而秘鲁征服事业如明月东升的历史性一刻。科尔特斯的辩解某种程度上奏效了，他得到了瓦哈卡的大片领地，但是却失去了对墨西哥的支配权，而只是一个军队的司令官了。一五三〇年春他回到了墨西哥，之后的一段时间内一直忙于整顿领地。一五三二年、一五三三年，他连续向太平洋海岸派出探险队，皆无功而返。一五三五年至一五三七年，他亲自率队前往，但只是北上进入了加利福尼亚湾，并无其他收获。后来，新西班牙副王决定以后禁止探险，愤怒的科尔特斯决定回国请求国王的裁决，故于一五四〇年再次踏上归国之途。但是，国王对此态度冷淡，不置可否，结果，在拖拉扯皮中，科尔特斯于一五四七年十二月走到了生命的尽头，享年六十三岁。他的历史意义停留在二十五年前征服墨西哥那一刻。

六　发现秘鲁

　　征服墨西哥的辉煌成就刺激并促发了殖民者征服秘鲁的大业，

这次的主角是前文所述奥赫达与巴尔沃亚的探险中都有登场的弗朗西斯科·皮萨罗。皮萨罗出自科尔特斯的母系家族，两人同出生于埃斯特雷马杜拉州，他比科尔特斯年长数岁或十数岁，因为是庶子而备受冷落，也没有人教他读书写字。在做猪倌还是什么工作的时候他沉迷于探索新世界的冒险热中，离开了故国。据说当时没人能像他这样毅然决然、毫不留恋。同样是征服者的代表，在萨拉曼卡大学求学过的科尔特斯与大字不识的皮萨罗之间的不同在他们的事业上也表现得非常明显。

皮萨罗能够在奥赫达的探险队崭露头角，是因为他有着塞万提斯作品中才有的骑士的性格与武功。后来，他与巴尔沃亚一起完成了发现太平洋的冒险之旅，此后第三年，他与莫拉莱斯一起攻克了珍珠群岛。在再次听到关于遥远南方的那个强国之事后，他的冒险欲望被唤起，在总督佩德拉里亚斯将首都迁到巴拿马之后，他参加了总督提出的北方探险计划，并因此名声大振，但他只是得到了巴拿马附近的一块不太好的领地。当时他已年近五十，也可能已经超过五十。

正当此时，一五二二年，安达戈亚探险到达南方的比鲁后归来（也有一种说法认为秘鲁是比鲁讹化而来），而科尔特斯的辉煌成就亦刺激了人心。巴拿马人的心思都不约而同倾注在了去南方探险上。而南方黄金之国的秘密尚未为人所知，也无人知晓通往那儿的途径，只是某种程度上知道航海去那儿会有多难，因此即使是最胆大的人也没能出手。这时，皮萨罗找到了两个热衷于去那儿探险的伙伴。一个是迭戈·德·阿尔马格罗，据说比皮萨罗略年长。他出身不详，作为一个勇敢的军人而为人所知。另一个是巴拿马代理主教埃尔南多·德·卢克，知识渊博，据说在当地很有威望。三人商定，由卢克负责筹集资金，阿尔马格罗负责装备船只和置办粮食，由皮萨罗指挥远征。总督也立即批准了这次行动。阿尔马格罗行动干练，马上入手了两艘小船，其中一艘是以前巴尔沃亚为他的南海探险建造的。船员的招募相对来说困难些，但他也迅速募集到了百人左右。就这样，一五二四年的十一月，皮萨罗的船终于驶出了巴拿马港。而阿尔马格罗则按计划在下一艘船准备完成之后启航。

　　皮萨罗的第一次航海虽只是在距巴拿马地峡很近的哥伦比亚海岸徘徊，但是这次航行非常艰难。他们首先沿比鲁河溯流而上二、三里格，所到之处都是沼泽和热带丛林，再加上天气酷热，众人一筹莫展，只能回到船上。开到海上后，又被暴风蹂躏了十日。缺水少粮的情况下，每个人都筋疲力尽，把船停靠在岸边，能看到的也只有无边无际的丛林。船上士气沮丧，很多人希望归航，但是皮萨罗却不打算撤退。为了鼓舞士气，他给手下讲发现者要面对的困难，讲成功的辉煌。最后，他让一半的船员开船去珍珠群岛补充粮食，自己则留在丛林中，一边打起精神安慰部下，一边采集海贝、椰子的芽和树木果实来延续生命。本来几天内就能回来的船几周后还不见身影，本就为数不多的队员又死了二十多人，面前只有饿死的命运而没有生机。正当此时，有人报告看到了灯光。突破丛林，他们来到了土著人的一个小村庄上，当看到玉米和可可时，他们惊喜万分。

白人的突然出现吓得土著人纷纷藏身，当看到不会有被害的危险时，他们又回到了村庄。当时土著人的问话千篇一律都是："为何不留在家里耕耘自家的土地，却要离乡背井去偷别人的东西呢？"答案是土著人戴在身上的黄金饰品。皮萨罗热衷于打听南方黄金之国的事情，土著人告诉他，山后边大概走十日左右的地方有一个强大的国王，而这个国家被更强大的太阳之子侵略了。

七周之后，船回来了。有了食粮，这些冒险者们又忘了所经历的千辛万苦，还是选择继续前行。他们还是采用沿岸航行的方式，一路各处停靠，缓缓前行，凡见到有土著人家和城镇就仔细搜查黄金的踪迹。后来在某个城镇因为遭到土著人的英勇抵抗，皮萨罗本人也受了伤，加上船也破损严重，所以决定中断探险归航。在此期间，阿尔马格罗所率领的第二艘船一直追赶皮萨罗所乘之船并超越它到达了北纬4度的圣胡安河，还是没能碰上皮萨罗，只好回航。

第一次探险无功而返触怒了总督佩德拉里亚斯，经卢克牧师居中极力调停，总督以成功后收取一千比索为条件批准了他们的第二次航行。这是这位名声不佳的总督在任最后一年的事情。皮萨罗、卢克、阿尔马格罗三人重新写了契约书。卢克出资两万比索，征服的土地由三人均分，不仅是金银宝石等宝物，由西班牙国王授予征服者们的特权带来的一切报酬、地租、奴仆等也全都要三等分。而如果失败的话，两位船长就要将所有的财产赔偿给出资的卢克。一五二六年三月十日，他们在非常庄严的仪式下进行了誓约，据说他们狂热的态度还使旁观者感动泪下。有人这么评价："在和平之王的名义下，他们缔结了以掠夺与流血为目的的契约。"（Robertson；*America*，Vol，iii，p. 5.）但是他们对即将要进行掠夺与杀戮之地 —— 秘鲁王国却还是一无所知。一个未知的富强帝国由三个不算怎么有势力的人瓜分这一事实，可以说鲜明地反映了这个大发现时代与新世界中社会的性质。

准备工作进行得非常迅速。尽管前有第一次航海的失败，而他们在巴拿马的声誉也不好，但是上一次的队员这次也几乎全都参加了，共有一百六十九名。他们还得到了几匹马，弹药和武器也比上次丰富，两艘船也比上一次的好。不仅如此，还有一位非常优秀的船长 —— 巴尔托洛梅·路易斯也上了船。但是不管怎样，这不是一支能征服一个帝国的军队，而这也反映了当时冒险家的性格。

两艘船出了巴拿马港直接南下到达圣胡安河，这是上次阿尔马格罗到达的最南端，这次只用几天时间就到了这儿。皮萨罗登陆袭击了土著人的村庄，抢劫他们的黄金饰品。这一收获使得他们意气风发。他们派阿尔马格罗回去以这些战利品为诱饵招募增援队。同时，又派路易斯出发前往侦察南方沿岸的情况。路易斯为避免与土著人的冲突没有上岸，直接南下。越往南走，文化与人口的密度越高，在圣马特奥湾（北纬1度半）岸上，人们成群结队，看着白人的船在水面上划过，既不恐惧，也没有敌意。从那儿入海后，路易斯看到了海上的帆影，不由大吃一惊：在他之前不可能有欧洲的船只来过这儿，而美洲的土著人中，就算是最先进的墨西哥人也不知道船帆的用法。那艘船到底是什么？路易斯好奇心切，靠近观察后，发现是一种被土著民称为"巴尔萨"的木筏状的船，船上有土著男女数人，其中有的人饰物华丽。而且上面的货物中也有相当精巧的金银工艺品。最让人惊讶的是他们使用毛织物制作服装，织工巧妙，有花鸟刺绣，染着鲜艳的颜色。对此十分惊讶的路易斯听到土著人的话以后更是惊讶万分。土著人中有两个人是秘鲁港口城市通贝斯的居民，他们说，在那个城市附近，产此毛织物这种毛的家畜一群一群，覆盖了整个原野；而王宫里面的金银就像这个毛一样多。路易斯把两三个土著人留在了船上当作证人，后来放了他们。之后他越过赤道后往南只行进了二分之一个纬度的距离后就折返了。

在路易斯寻找这样的新发现之时，皮萨罗还在原始森林中为饥饿而烦恼。队员有的为鳄鱼所食，有的倒在土著人的偷袭中，除了皮萨罗和少数几个部下外，其他人都开始盼望返航。正当此时，路易斯带着喜报归来了，之后阿尔马格罗也带着粮食和八十余人的增援队以及新任总督答应支援他们的喜讯从巴拿马回来了，一时士气回升，队员们又开始急切要求前进。

但是，南航开始后，由于适合探险的季节已经过去，他们不仅为逆风逆潮所困，还不时遭遇暴风雨。在艰难的航行中，皮萨罗踩着路易斯的足迹前进，越往南走，土地和人民明显越开化。从海上望去，看到的不再仅是原始森林，而是广阔的玉米田和马铃薯田。部落也愈来愈多。到了塔卡梅兹港附近，一个两千户人家以上的城市横亘在眼前，男男女女都戴着黄金宝石的饰物。大家都感到已经来到了南方的黄金之国，而与此同时，他们也注意到了土著人勇敢的态度。军人乘坐小船在西班牙船的周围警戒，岸上目测有一万人以上的军队严阵以待。为了与土著人会谈，皮萨罗与部下一起登陆，被人数众多的敌军包围，深陷危境之时，一个骑士偶然落马，却救了大家。这是因为土著人原来以为人马是一体的，忽然看到人马分离后大吃一惊，并因此撤退了。

以皮萨罗的探险队要跟土著人的军队作战是不可能的。那该如何是好呢？有胆怯的人主张中止探险，但阿尔马格罗没有听从。队员们都有债主在巴拿马等着吧，如果就此回去落入他们的手中，必定难逃牢狱之灾。不管未开之地的条件如何艰苦，能作为自由人到处走动无疑是更好的。阿尔马格罗提议皮萨罗再找个适宜探险的地方努力一下，而自己则回到巴拿马把增援队带过来。皮萨罗听后大怒道，你在船上愉快度日当然不错，但对留下来的人来说不是个好主意，他们身处条件恶劣的未开化的土地上，没有食物，奄奄一息。阿尔马格罗也大怒，回答道，你不愿意的话我留下。双方都很激动，差点拔剑格斗。幸而有路易斯和会计把他们劝下。结果还是按阿尔马格罗的计划行事，他们在沿岸地区探寻了几天。凡是开化的地方，土著人的警戒也很严密；但回头往北航行的话，原始森林又比土著人恐怖得多。所以他们选择了地处北纬二度的图马科湾中一个名为加洛的小岛作为皮萨罗和队员们探险的地方，但是队员们听到这个决定后感到愤愤不平。

阿尔马格罗为了压制这些不满之声，使其不传到巴拿马，于是扣留了残留队员的书信，但是一封藏在木棉球中的信躲过了他的封锁。这个木棉被作为产品的样本送到了总督夫人之处，里面的信也被呈交给了总督夫人。信中陈诉了他们的惨状，并向总督求救。总督没听卢克和阿尔马格罗的辩解，派了两艘救援船。船到了加洛岛一看，果然，皮萨罗的探险队处境凄惨，可以说比之前在原始森林的时候还惨。大家半裸着身子，又累又饿，精疲力竭，恨不得马上坐上救援船离开这个小岛。

这可能是皮萨罗事业遭遇的最大危机了。救援船也带来了卢克和阿尔马格罗的信，让他不要为眼前的困境而绝望，要坚守初心，并告诉他目前这样的情况下为了前进要采取必要的手段。皮萨罗寸步不让，但也没有再劝说队员。他拔剑在沙上从东往西划了一条线，然后指着南边说，"那边有劳苦、饥饿、赤裸、让人浑身湿透的暴风、抛弃，还有死亡"，他又指北边说，"这边有安乐与快乐 —— 那边有富裕的秘鲁，这边有贫穷的巴拿马。是勇敢的卡斯提尔人，就请各自做出选择。本人往南。"说着，皮萨罗跨过了那条线。跟随他的有包括船长路易斯在内的十三人。救援队的队长因为他们不服从命令而恼火，但是他们没有退让。没有粮食，没有衣服，没有武器，也没有船，区区数人，面对一个强大的帝国，却要行十字军之事，留在这个孤岛上。这样的事迹在骑士的传奇中也是没有前例的。

为了接下来的计划，路易斯坐救援船回到了巴拿马，其他的十三人担心加洛岛的土著人回到岛上他们会有危险，就坐着木筏从加洛岛转移到了二十五里格以北的一个叫戈尔戈纳的无人岛上。这儿有森林，可以猎鸟兽，也有清水。他们在岛上建了小屋，虽然为毒虫所扰，但是皮萨罗早上祈祷，晚上唱赞歌献给玛利亚，或主持各种祭祀活动，从不懈怠。他极力为他的冒险事业增加十字军的色彩，因为宗教信仰可以鼓舞士气。他们日日眺望着地平线，几个月过去了，他们日渐失望，慢慢地开始绝望。直到七个月之后，地平线上出现的白帆拯救了他们。

巴拿马总督对皮萨罗的顽固态度非常愤怒。他认为，对于采取自杀性行为的人不应该给予任何援助。但是卢克与阿尔马格罗耐心地说服了总督。总督最后勉强同意派一艘船前去，但是他禁止除航海必须的船员以外的人上船，并命令皮萨罗六个月之内必须归航。于是阿尔马格罗以小船载着粮食和武器弹药前来。皮萨罗听他说明情况以后非常失望，但是他认为，自己可以找到南方的黄金帝国。他以以前抓获的通贝斯土著人为向导，朝着通贝斯方向向南出发了。

这次他没有在上次登陆的地方靠岸，他越过了以前路易斯到达的最南端，进入了以前欧洲人从未到达的海域。沿岸的地势至此一变，多为平缓的斜坡，肥沃的农耕地到处可见。海岸上连绵的白色人家，还有远处的山丘上袅袅升起的炊烟等等，都在显示着这是一个人口稠密的国家。一路观赏着这样的风景，二十天后，船平静地驶入了美丽的瓜亚基尔湾。科迪勒拉山脉在这儿临近大海，而海岸上点缀着很多城镇与村庄，美丽的绿色地带显示着土地的肥沃。西班牙人欢天喜地地在通贝斯湾口的一个小岛旁停泊了下来。

次日早晨横穿海湾，船靠近了通贝斯城。这是一个相当大的城市，有很多用石头建成的抹着白灰的建筑，后面是浇灌得很好的丰饶牧场。他们眺望景色的时候，发现几个满载军人的大型巴尔萨正要启航远征，皮萨罗伴随他们航行，并邀请酋长们来做客。客人登上了西班牙人的船后，好奇地四处张望，当他们看到有同国人在船上的时候大吃一惊。那位同胞向他们介绍了自己的身份，并告诉他们这些奇怪的外来人并不是为了害他们而来的，而是为了亲近这个国家与人民而来的。皮萨罗也向他们作了保证，希望他们马上回去把这件事告诉城里的人，并告诉他们自己是为了建立友好关系而来，因此希望他们能提供生鲜粮食。

通贝斯城里的人都聚集到海岸上，惊讶地看着这个浮在海上的城堡。听到皮萨罗一行的相关报告后，马上有人将其告诉了这个地方的统治者（库拉卡）。库拉卡把外来人看作是一种更高级的生物，马上答应了他们的要求。很快，数艘巴尔萨满载着香蕉、古柯、玉米、甘薯、菠萝、椰子，还有鸟、鱼以及数头美洲驼过来了。皮萨罗第一次看到美洲驼。不仅如此，当时正好也在通贝斯的一位印加贵族也充满好奇地来看这些神秘的外来人。皮萨罗恭恭敬敬将他迎上船，带他在船内各处参观，并为他讲解了各种机械的用法。印加贵族对皮萨罗他们从哪儿来、为什么来这儿非常关心，据说在这次与印加帝国的首次接触中，皮萨罗清清楚楚地作了如下的回答：

本人是世界上最伟大、最强大的国王的家臣。本人来这儿是为了宣告本人的主君依法持有这个国家的最高权力。还有，本人来到这儿也是为了将这儿的居民从现在没有信仰的黑暗状态之中拯救出来。他们崇拜的是把他们的灵魂打入永劫地狱的恶魔，本人想把真实的唯一的神 —— 耶稣基督的知识传授给他们。信仰基督才是他们永远的救赎（W. H. Prescott; *History of the Conquest of Peru.* 1847. p. 271. ）。

这是一段赤裸裸的征服宣言。印加贵族专注又诧异地听完后，没作任何回答。翻译是否真正理解了皮萨罗的宣言并把内容翻译出来了？印加帝国是否有能简单地表达这些概念的词语呢？这就不得而知了。不管怎样，那位印加贵族在船上一直待到了晚餐的时间，他称赞了欧洲菜，称葡萄酒比当地的酒要醇美得多。分别之际，他邀请了西班牙人去通贝斯。皮萨罗赠给了他一把铁斧。铁在墨西哥与秘鲁都是未知之物，印加贵族非常高兴。

次日登陆的是十三人之一 —— 阿隆索·德·莫利纳，他带着送给库拉卡的礼物 —— 美洲所没有的猪和鸡前去，傍晚带着补给的水果和蔬菜回来了。据他报告，土著人对他的衣着、皮肤的颜色和长须非常好奇，特别是妇人们招待他们非常周到。与他同去的黑人的肤色引起了他们的好奇，他们还擦了擦，想把颜色擦掉。公鸡打鸣时他们拍手大笑，询问它刚才说了什么。不久他被带到了库拉卡的住处，那儿有很多金银器皿。另外，在坚固的要塞旁边有一座神殿，神殿上装饰的金银闪耀着炫目的光彩。这样的报告让人觉得过于夸张，皮萨罗考虑再派个思虑周全又值得信赖的侦查员去。

次日，作为十三人的前阵，佩德罗·德·坎迪亚披上甲胄、佩着剑、扛着枪上岸了。看到他在日光下煜煜闪耀，土著人发出了惊叹声。火枪的威力早已在土著人之间流传，他们是来听它"说话"的。坎迪亚竖了块板当靶子，瞄准后开了枪。火药的闪光，枪击的声音，靶子破碎的声音都让土著人感到恐惧。看到坎迪亚笑眯眯的样子，他们才安定下来。坎迪亚的观察结果也只是证实了莫利纳的报告。不仅如此，他还去神殿旁边一家圣女宫的庭院里，看到了纯金纯银制作的水果蔬菜的装饰品，那儿还有几个工匠在埋头制作新的金银工艺品。

西班牙人听到这个报告后欣喜若狂。他们终于来到了多年梦寐以求的黄金之国。皮萨罗向神表示感谢。虽然想把这个宝藏占为己有，但是他的手中却没有可用之兵。着手准备远征以来，现在正是他武力值最低的时候，他当时觉得非常遗憾，但是后来他却因此而感谢神的恩宠。原因是，这个时候印加帝国的内乱尚未发生，尚没有可乘之机。

不能着手进行征服大业，皮萨罗只能继续往南，在沿岸进行探险活动。他们所到之处，都有土著人拿来水果、蔬菜、鱼等食物来款待新来的客人。这些肤色白净、身穿明亮甲胄、手持"闪电"的"太阳之子"们彬彬有礼，举止优雅，他们的名声早已不胫而走，传遍了这个国家的各个地方。与此同时，皮萨罗也看到了，不管他们南下走了多远，目之所及，这个强大的印加帝国的国土绵延不断。那儿有巧妙地利用水渠和运河来灌溉的肥沃耕地，有使用石头和灰浆的建筑，有整洁的街道。就这样，皮萨罗的探险之旅一直延伸到了南纬九度附近，这才返航。

从这样一则轶事可以看出当时土著人对他们的款待和征服者们温和的态度。他们在一个叫圣克鲁斯的地方受到了当地贵妇人的款待。皮萨罗答应她们回来的时候也会从这儿经过，归途中，他们停泊在这个村子附近的海边，贵妇人们马上结伴到船上来拜访了。她们邀请皮萨罗去自己家做客。次日，皮萨罗登门拜访时，看到那儿用绿色的枝条搭了一个凉亭，上面饰以芬芳扑鼻的鲜花，中间摆满了秘鲁料理，还有看上去很美味的不知名的水果和蔬菜。餐后有年轻男女表演音乐与舞蹈，他们肢体柔软，优美灵敏。最后皮萨罗告诉热情的女主人自己来到这个国家的动机，并为她展示了所携带的西班牙国旗，他让她升起这面国旗以纪念自己对西班牙国王的臣服。女主人们好像对于升国旗所代表的意义并不太清楚，兴高采烈地笑着升起了国旗。据说皮萨罗对这一形式上的征服心满意足，高兴地回到了船上。

带着南方黄金帝国存在的确证，皮萨罗在探险的第十八个月回到了巴拿马。这引起了很大的轰动，他们已不是梦想家，不是疯子。但是总督至此还是没有理解此发现所具有的重大意义，他拒绝了今后对他们的保护。除了向国王诉苦似乎已别无他路，皮萨罗决定亲自回去一趟，故于一五二八年的春天从巴拿马出发。他在本国与墨西哥的征服者科尔特斯见面正是这个时候的事情。

七 印加帝国

皮萨罗发现的印加帝国是个怎样的国家呢？

有推测说印加帝国的建国是在西班牙人到来的四百年前，也就是十二世纪初。但是这一说法并不确定。有人说还要往前推，大概是五百年左右，也有人说将时间缩短到两百年左右。从的的喀喀湖畔的巨大废墟可以知道，印加时代以前，这儿就已经存在一个有着先进文明的国家了。但是那是什么种族、从哪儿来的却不得而知。印加的起源也同样不为人知，也许这个帝国是慢慢成立壮大的。一般认为，作为史实比较可信的是，那是西班牙人来这儿之前一个世纪之间的事情。

根据秘鲁人自述的建国神话，第一代印加王是天降的太阳之子，太阳神垂怜人类的堕落之状，派自己的孩子曼科·卡帕克和玛玛·奥克略·瓦科兄妹两人来到凡间，教人们怎么建立共同体，教人们文明地生活。兄妹两人沿着高原，来到的的喀喀湖畔后，继续前行到达了库斯科的山谷，在这儿，他们带来的金楔子没入土中就不见了踪影。太阳神命令他们在这样的奇迹发生之地留下来，于是他们遵照太阳神的指示开始在这儿定居，以慈悲之心教化苍生。曼科·卡帕克教民众从事耕作，玛玛·奥克略·瓦科教民众纺织。人民遵从太阳之子的教诲，聚居在一起，建起了库斯科之城。曼科·卡帕克是第一代印加王，之后代代都遵从以仁治国之传统，推行温和的统治，印加帝国因此发展壮大。

这类神话当然不是历史。但是西班牙人见到的印加帝国，这些神话却在活生生地进行中。

首先，库斯科城就显示了这一点。这个城市地处高原，其高度如果放到阿尔卑斯山脉上的话，应该是终年积雪不化的地方。北方有科迪勒拉山系的支脉绵亘，城中流淌着清澈的河流。这儿的房屋都只有一层，穷人以泥土和芦苇建造，王宫和贵族的府邸则是用沉重的石块建成的。街道虽然狭窄，但是宽阔的广场到处可见。城中有太阳神的大神殿，巡礼者从全国各地来到这里参拜。神殿结构的宏大在新世界里是首屈一指的，若就装饰的豪华而言，它也可以说是旧世界的任何建筑所不能比拟的。这个大神殿是印加神圣性的体现。

同时，这个城市中象征着神圣印加权力的还有大城堡。它位于城北的山丘上，四周围以厚重的石壁，有地下通道与城内及王宫连接。这是一座由巨石建成的城堡，石块之间的缝隙几乎连刀片都插不进去。巨石之大者长三十八英尺，宽十八英尺，厚六英尺，大小几与大阪城的巨石相同。秘鲁人在没有铁器、没有牛马的情况下，将它们从山体切割而下，又搬运了四里至十五里，渡过河川越过峡谷，终于运到了这个山丘之上。石块之间严丝合缝，建筑技术令人震惊，而更令人震惊的，是动员土工两万人连续工作五十年的专制权力之强大。

拥有这种权力的印加王位自曼科·卡帕克以来都是采用王室血统一脉相传的方式代代相传的。印加王的妃嫔有多人，但是可以继位的是正妃的长子。王妃选自印加王的姊妹。秘鲁人认为这样可以使太阳神血统保持最纯粹的状态。

但是印加这一称呼并不只用来称呼登上王位的人，曼科·卡帕克的男系子孙皆被称为印加，也就是说，王族也是印加。秘鲁君主制的实力是由王族支撑的。他们与国王一样，也是太阳神的子孙，他们的贵族之位也是神授的，因此感情也好，利害也好，他们与国王是共通的。作为统治阶级，他们不仅在血统上，而且在语言、服装上也与一般社会不同。王族作为王室的屏障保卫着王位，而国内的要职亦多为王族所占。王族与中央政府互通音信，联络非常紧密。不仅如此，他们的超人智慧也是他们对人民的权威的主要源泉。可以说秘鲁的特殊文化与社会组织是由这个王族的智慧创造的。这些就是印加的文化和社会组织。而地方上除了印加族以外，贵族库拉卡也有着重要的地位，但是库拉卡所行之事，皆为对印加的模仿。

印加的王子幼时即从"贤者"接受神事与军事的教育，特别是军事方面，他们要与印加贵族的子弟们一起在军事学校接受教育。到了十六岁要参加公开考试为成人礼作准备，考官是印加最有名的长老们。在他们面前，考生要展示各种各样的武艺，实行斋戒，并参加实战演习。这大概要持续三十天左右，在此期间，即使是王子，也要跟大家一起在泥土上睡觉，要赤足行走，着粗服，非常辛苦。考试结束以后，合格者可以在国王面前参加成人式。国王祝贺年轻人顺利通过考试，并对他们讲述作为一个王族的责任，告诉他们："太阳神之子们啊，你们要以我们伟大的祖先为天下人谋福的慈悲之业为榜样。"然后，他为他们一个一个戴上黄金的耳饰，然后是显示其印加地位的鞋履、代表成年的标志——腰带和花冠等等。印加贵族们聚集在一起，向王子献上贺词。全族的人一起来到广场，举行祝贺庆典。据说看到庆典的西班牙人因其酷似中世纪基督教骑士的成人式而感到非常惊讶。

这样与印加贵族子弟一起成为成人的王子，有了与他的父王一起参与政治、军事活动的资格。军队远征时，他会被派到一位长年追随他父亲的威名远扬的司令官帐下，积累了经验以后，他自己会被任命为军队的司令官。这是王子成长为一个国王的必经之路。

虽然他们性格上比较温和，但是印加王的统治形式是纯粹的专制统治。元首高高凌驾于众臣之上，即使是与国王同为太阳神子孙的印加贵族中最有权势的人要觐见国王，也必须赤足，肩负重物以示尊敬。国王作为太阳神的代表，也是全体祭司之首，最重要的祭祀仪式由他亲自主持。国王可以召集军队，自任司令官，也可以课税、立法、任意任命司法官。所有的威严、权力、俸禄等都来自于国王，也就是说，"国王本人就是国家"。

普雷斯科特在指出印加专制政治与东亚专制政治的相似之处后，对两者的相异之处有如下论述：东亚的专制政治是建立在物质力量的基础上，印加的权威则应当与巅峰时期的教皇相比拟。但是教皇的权威基于信仰而非俗世的权力，而印加帝国则是两者都有。它是比犹太王国的神权政治更强力的神权政治，印加不仅是神的代表或者说代理人，印加就是神本人，违反他的命令就是对神的冒渎。像这样连臣下的内心也要加以统治的高压政治是独一无二的。

为了显示身份的尊贵，印加国王选择了一种庄严的生活方式：华美的衣裳、豪奢的装饰、以珍禽的羽毛点缀的王冠等，都是臣民们无法复制的东西。但是他有时也会来到臣下和民众中间。他亲自主持盛大的祭祀仪式之时，会把贵族们叫到餐桌旁并为他们的健康举杯。他每隔数年巡行国内一次，倾听民众的声音。道路两旁民众夹道欢迎，他们为国王清除路上的小石子和树桩，撒上芬芳的鲜花，抢着把行李从一个村运到另一个村。国王有时候会停下来聆听他们的诉求。国王和他的随从行进在曲折的山路上时，那儿挤满了想一睹圣颜的民众。国王挑起辇帐现出身影时，吾王万岁的呼声响彻天际。而国王驻辇之处，则成为圣迹而为后人永远纪念。

王宫也是极为豪奢，且遍布全国。外表虽为低矮的石头建筑，没有多少美感，但是内部的装饰与设备却是惊人的。墙壁上嵌入了厚厚的金银装饰，墙壁的凹处摆满了金银制的动植物雕像。从厨房用具到仆人的工具，皆为金银制，另外，印加王宫里大量使用美丽多彩的毛织物，这种精巧的织物连用惯了欧亚奢侈品的西班牙国王也非常爱用。

这些王宫中印加们最喜欢的宫殿是离首都四里格左右的尤凯宫。它位于群山环绕的美丽山谷中，庭院中流淌着清冽的水流。水流经过银质水渠流入一个奢侈的黄金浴池，宽敞的庭院中种着各种各样的花草植物，其中有的花坛种着金银工艺制成的各种植物，特别是玉米，以金为实，以银为叶，煜煜生光，十分美丽。

金银如此之丰富，不仅仅是因为这个国家金矿银矿很多，还有一个原因是，开采出来的金银不用于铸造货币而全都为印加王一人所有之故。而且印加王所用的金银，不是先祖代代流传下来之物，全都是他一代所搜集的。印加王离世时，他所拥有的金银与其他随葬品会与宫殿一起为死者原样保存起来，以便死者归来时能如生时一样生活在原来的地方，金银之多由此也可窥豹一斑。

国王去世，也就是"被召唤回到父亲太阳神之家时"的葬礼，也是非常盛大的。他的内脏被摘下，埋到离首都五里格远的坦普神殿中，同时被埋葬的除了金银器皿和宝石以外，还有众多臣下和妃子，有时甚至会有多达千人被殉葬。而且据说人们将殉死视为忠诚之象征，故非常积极想成为殉葬者。葬礼之后，举国服丧，一年之内，人民以各种方式表达自己的哀思：举着已故国王的旗帜游行，写歌歌颂已故国王的功绩并为之举办朗诵盛典等等。但是国王的身体并没有被埋葬，而是巧妙地填充以香料，并与祖先的木乃伊一起保存在太阳神大神殿里。在耀眼的黄金大日轮前面，历代国王和王妃们分左右两列坐在黄金椅子上，他们身着王室服饰，低垂着头，两手交叉于胸前。每到固定的祭祀仪式日，已故国王"留守宫"的看守长会邀请贵族们前来。国王的木乃伊被郑重地抬到广场，国王的财宝被陈列于身前，一场盛宴在已故国王的名义下举行。"不管在世界上的哪个城市，都不会有这么多的金银器皿和宝石陈列在眼前吧。"以前的记录者称 [以前以为是萨尔米恩托（Sarmiento），现在认为是谢萨·德·莱昂（Cieza de Leon）。此记录出自《秘鲁年代记》第二部]。

以上是印加之名的意义所在。那么它所统治的这个国家有着怎样的组织呢？

秘鲁这一国名是西班牙人取的，印加这个国家本身是没有名字的。国民视自己的国家为一个统一体，用语言来表示则称"世界四方"。四方是东南西北的意思，王国亦根据这一观念分为四个地区，有四条道路从首都通往各个地区。首都本身也分成四个区域，从外地进京的人按各自的方位住在不同的区域里。四个地区各置总督，下有参议会。总督在一定的时期内要住在首都，组建印加的枢密院。

国民一般以十人为一组。组长保护组员的权利，如有人侵犯，则必须上告，若懈怠不为则视为与侵害者同罪。十人组之上还有五十人组、百人组、五百人组、千人组，各设置长官，上面还有人口一万的县，由印加贵族长官治理。裁判之事，轻罪由城镇、村庄的保安官处置，重罪则归长官裁决。不管什么事件，法官都必须在五日之内解决，没有上诉制度，但有人在国内巡查监督审判。审判事件都必须向上级法庭报告，因此国王坐镇中央，却能监视全国各地的司法状况。

法律条款不多，但是非常严峻，且几乎都为刑法。没有货币，没有称得上商业的东西，没有财产，因此，与之相关的法律也就没有存在的必要了。偷窃、奸淫、杀人当处死刑，但可酌情量刑。对太阳神的冒渎与对印加的诽谤也当判死刑。而对太阳神之子的反叛则是最重的罪行，反叛的城市或地区的设施会被破坏，居民全都处以死刑。破坏桥梁阻碍交通者也会被处以死刑。其他的重罪还有：移动土地的界标、将本应流向邻人土地的水改变方向使其流向自己的土地、放火等。从这一类罪行被归类为重罪这一点，不得不让人联想到我国的毁埂放水、填渠断水等国津罪[1]。

税制与土地制度一样，是印加国的特征之一。土地分为三部分：太阳神的、印加的和人民的。哪份最大没有明示，其比例也是各个地区并不相同。太阳神的土地收入用来维持神殿、祭司阶级以及祭祀仪式等支出，印加的土地收入用以提供王室的费用以及政府的经费，剩下的土地由人民均分，分配时以家庭为单位，故需结婚后才能参与分配。印加国实行一夫一妻制。男性年满二十四岁，女性年满十八岁或二十岁后，他们将在全国统一的同一天被召集到城镇或村庄的广场上，由各个地方的长官指定配对结成夫妻。这一天举国同时为新婚夫妇举办喜宴。婚后地方上的团体会为新人建造住宅，分配给夫妇两人生活所必须的土地。有了孩子后，每增加一人，分配的土地也会相应增加，男孩是女孩的两倍。因此，分配的土地大小按照每年家庭人数的变化而不断更新，也就是说，班田制[2]在这儿也得到实行，而且相当盛行。世界上的其他地方实行均分土地的班田制，大抵会自然而然倒退

---

[1] 日本古代根据神道的思想，将罪行分为"天津罪"与"国津罪"。据平安时代的《延喜式·大祓》记载，天津罪包括8种罪行，即畔放、沟埋、樋放、频莳、串刺、生剥、逆剥、屎户。国津罪包括14种罪行，如生肤断、死肤断、白人、胡久美、奸母、奸子、母子通奸、犯畜、虫灾、鸟灾等等。由此看来，本文提到的毁埂放水、填渠断水等罪相当于"畔放""沟埋"，当属天津罪，而非国津罪。——译者注
[2] 日本在大化时期采纳了类似唐朝均田制的班田制度。该制度通过编制全国户籍，实施了一种土地分配和回收的机制。具体而言，六岁及以上的公民将从政府处获得土地，男性获得两段土地，女性则获得男性的三分之二。无论是官方还是私人奴隶，都会按照公民的标准获得土地。而那些有特定地位、职务或功绩的人，则会根据其地位高低和功绩大小，获得额外的位田、职分田或功田。除了这些口分田外，还会分配一定的宅地和园田作为世代相传的产业。这些土地每六年重新分配一次，且不允许买卖。如果土地持有者后继无人，土地将被国家收回。这是一种旨在保持土地公平分配的制度。——译者注

回不平等的分配方式，但是在这儿，这一制度得以作为一个稳定的社会秩序一直延续了下来。

如上所述，土地被分为三类，但是耕种土地的人都是人民。人民首先要耕种太阳神的土地，接下来是耕作老、病、寡、孤以及外出服兵役的人的土地，这之后才耕作自己的土地。耕作之时，邻里之间必须互助，耕完之后，民众一起举行盛大的祭祀仪式，并集体耕耘印加的土地。早晨，信号响起，男女儿童皆穿上最好的衣服，欢聚一处，整整一天，他们一边互相唱和，歌颂古代的英雄事迹，一边兴高采烈地劳动。

关于服装生产的制度也差不多。秘鲁数不胜数的羊群，都属于太阳神和印加。其中美洲驼和羊驼由老练的饲养员管理，在各个牧场之间移动放牧，其饲养方式非常细密周到。还有两种动物——骆马和原驼是美洲高地的野生动物，产毛更多。一般每四年一次，在一个地方集中五六万名猎手进行大狩猎。抓到的羊，一部分杀死，大部分（三、四万头）则剪毛后放走。用以上两种方法所获取的毛，先纳入公库，再分配给各个家庭必需分量的粗毛。女人收到粗毛后将之纺绩织布，为全家人裁制衣裳。做完后，还要为印加纺绩细毛。她们的纺绩技术已经非常发达，产品从柔软轻薄、有着丝绸一样光泽的织物，到地毯那样的厚实之物，应有尽有。首都决定每一年所需的数量和种类，分摊给各个地方后，有专门的官吏将毛的原料分配下去，并指定要生产的织物种类，然后会对工作的进程进行监督。而监督的内容也包括民众制作自己衣服的过程。据说，监督的主旨不是为了了解人民生活是否奢侈，或为了取缔过剩生产等等，而是为了保证"不管是谁，生活必需的衣物都不能短缺"，同时，也包含"任何人都必须劳动才能有吃有穿"的思想。

衣食以外值得关注的还有采矿冶金、金银工艺、建筑、土木等行业。对这些行业的劳动进行计划性管理的方法也制定得非常细致。这是建立在通过人口调查、土地资源调查而获得的统计结果基础上的。政府由此确定需要的量，将工作合理地进行分配，比如在矿山多的地方培养采矿冶金的熟练工等等。这些技术一般是世袭的，从小就注意培养，故技术精湛、出神入化。各种金银工艺引人注目。令人惊讶的是，像绿宝石等非常坚硬的宝石也能加以雕刻。工具是石制或铜制的，铜中混有少量的锡，成功地使其硬度接近钢铁。但是这些熟练工并不以此为生，生计还是要靠上文所述的农耕纺织等工作来维持。他们要在农耕纺织的基础上，学习掌握特殊的技能为公共事业服务。因此工作一段时间后会有其他人接替他的工作。而在工作期间，他的收入来自于公费。这样，没有职工会为负担过重而烦恼，亦不会缺衣少食。像矿山劳动这样不利于健康的工作，也不会对矿工造成伤害，这一"健全的"劳动制度，使西班牙人大为震惊。

上文所述的农、工劳动成果，一部分运到首都供印加及其朝廷所用，大部分则储藏在地方上的仓库中。仓库为石块建造的宽敞建筑，分属太阳神与印加，据说印加的数量更多。通常印加的仓库会有大量的剩余物资，这些物资会被转移到第三类仓库——备荒仓库，用于救济因病或受灾而困苦的人。这形成了这样一种机制：印加收入的大部分会再度回到人民的手中。仓库中储藏的主要是：玉米、古柯、藜麦、细毛、木棉、金银铜器皿等。特别是谷仓，所储之物可以供数年（有时是十年）之需。这些都是西班牙人在早期亲眼所见之事。

在这样的财产制度下，人民虽不会变富，但也不会变穷。所有的人都能平等地享受平安快乐的生活，同时，也没有野心、贪欲、好奇心、不满等等蛊惑人心。人们在同一个地方走着跟祖先一样的路，而他们也不得不让子孙做同样的事。印加已经使得这种被动的、顺从的精神与对既有秩序沉默服从的态度渗透到了人民的内心。西班牙人的记载证明，人民对印加的统治满意程度是其他地方见不到的。而这儿也能看到这个国家组织最大的缺点，那就是，在秘鲁，劳动是为了他人，而不是为了自己。在这儿，想稍微改善一下自己的生活或想使自己略为前进一步的态度都是不允许的。在一个排斥个性发展的社会中，人性的发展也不可能存在。

但是这不是说秘鲁人没有形成独特的文化产物。在这儿，个人除了为获得衣食住等生活资料而劳动以外，余力都倾注在公共设施（的建设）中，因此，这个国家的神殿、宫殿、要塞、梯田、道路、水道等工程非常丰富，也非常壮观。

首先要说说令人惊叹的道路。特别是从首都往北至基多，往南至智利的大道：一条穿行在大高原上，一条沿着海岸的平地。不得不说那条高地上的道路是一个非凡的大工程。被大雪覆盖的崇山峻岭、峻峭的山岩、幽深的溪涧等等地带，以今日之土木技术也很难施工，他们就在这些地带一丝不苟地开凿、铺设、搭吊桥，修了一条宽二十尺左右的结结实实的石路，而且在一些必要的地方还使用了比石头更坚固的沥青水泥。据说有些地方地基已经被水流冲走了，留下的路面还像弓一样架在山谷之上。道路全长大概在一千五百英里到两千英里之间。而平地上那条道路最引人注目的是穿过湿地高高的堤道和道路两侧的行道树。行道树可以遮住热带的阳光，也可以为行人送去宜人的花香。这些街道每隔十英里到十二英里就有旅舍等设施，有的旅舍很大，可以接待一支军队。综上所述，印加的大道可以说是人类所建的最有用的巨大工程之一了。

在道路这一交通设施上花了很大力气的印加人，不用说，其通信联络设施也很先进。所有的道路五英里之间必设一个很小的驿站。每个驿站都派驻数个信使以传送快件。据说他们的速度可以达到一日一百五十英里。这一制度在墨西哥也有，比欧洲早得多。因此，在欧洲各国的首都之间尚且让人感觉相距甚远的这一时期，狭长的秘鲁的各城市之间已经紧密地联系在一起了。

说到道路，水路也值得惊叹。这个国家沿岸地区几乎不降雨，因此河川很少，多为急流，广大的土地无法得到滋润，故多为干燥的不毛之地，但只要施以灌溉，即可成为肥沃之地。印加人以运河或地下水道引水灌溉这些土地，这些灌溉用的水道是以大石块严密拼接而成，没有使用任何粘合剂，通过水门将需要的水量分供各处。有的水道非常长，甚至有长达四五百英里的。水源是高地的湖泊或者是山中的清水，将水引下来时，有时要凿穿山岩，有时要挖穿山体，或者要绕过山岭，越过河沼，总之，与道路一样，灌溉系统的工程也是非常艰难的。这一巨大的工程在西班牙人征服印加后渐趋荒废，但是有些地方还在用其进行灌溉，但这些水来自何处、经过哪些地方，却大抵不详。因此可以说，印加人在建设水道上的天赋与努力，至今我们还只是窥得一斑而未见全貌。

除了通过水道灌溉使干燥地带的农耕成为可能，秘鲁人还通过修建梯田实现了山、丘的耕地化。他们将一些陡峭的山坡凿作梯田，直到山顶，有的地方是把岩石凿成阶梯状后，厚厚地铺上运上来的泥土改造的农田。这一工程所费工力令人震惊。与此工程相反的是在缺水的山地所修的穴田：将深挖十五到二十尺后到达的、有一定湿度的土壤层用作田地。其面积一般超过一英亩。秘鲁人在这样的梯田或穴田中利用沙丁鱼制的肥料和鸟粪等栽培谷类、蔬菜。秘鲁海滩上这样的肥料取之不绝，他们远远比欧洲人更早地了解这些肥料的效果。可以说，农耕技术是秘鲁文明中最先进的部分。

神殿作为建筑也许算不上出色，但是其恢宏的结构和豪华的装饰，可以说是充分展现了秘鲁宗教的意义。秘鲁人也并非不知创造并主宰了宇宙的神，但是除了前印加时代留存下来的一神殿[1]以外，别无其他供奉这一神明的神殿。其他的月、星、雷电、土地、风、空气、山川诸神虽也受尊崇，也有神殿供奉，但是与太阳神相比，无论是受尊崇的程度，还是神殿的数量和壮观程度，皆不可同日而语。最古老的太阳神神殿在的的喀喀岛上，据说那儿的神田所产的谷物，分配到全国的各个公库，虽为少量，但整个公库的谷物因此圣物化，可见其所具有的特别意义。最有名的是首都的神殿，由于收到代代印加的施舍，那儿极尽奢华，被称为"黄金之所"。首都中央有被石块围起来的宽广的神域，里面建有大殿、几个礼拜堂以及附属建筑。大殿的西壁上有一面巨大的厚厚的金板，上面有太阳神像：中间是一张脸，从那儿往四面八方放射着光芒，墙上到处镶嵌着绿宝石和其他宝石。早晨太阳升起的时候，阳光从东边的入口直接照在金壁上，煜煜生辉，整个殿堂内都充满了玄妙之光。除了西壁以外，殿内到处嵌着金板与金间柱，檐口也是金的。外壁也围以很宽的黄金雕带装饰。礼拜堂中有一个是月神的殿堂，采用了跟太阳神殿同样的构思，不过是以银子来反射银白的月光。也有星星、雷电、彩虹等神殿，这些神殿中使用的装饰和用具皆为金银所制，装玉米的大瓶、香炉、水壶、从水道引水的水管、承水的水盘，连庭院中所用的农具也是如此。这个庭院中甚至还有金银制的闪闪发光的动植物，简直

---

[1] 只供奉一个神明的殿，故称一神殿。——译者注

像童话世界一样。这是最有名的神殿，在首都和郊外还有三四百个神殿，各有各的豪华。不仅如此，在全国各个地方都建有神殿，其中有的神殿据说可以与首都的神殿媲美。印加人的太阳神崇拜之盛，令人咋舌。

这些神殿的管理工作由祭司和官吏负责。据称，光首都的太阳神神殿就有四千名祭司及官吏，全国的话，更是不计其数。最高大祭司的地位仅次于印加，通常从印加的兄弟中挑选任命，其下有一个等级森严的祭司组织。祭司的职责仅限于神殿之事，其知识也仅限于祭祀仪式相关内容。祭祀仪式相当多，非常复杂。其中最重要的是夏至、冬至、春分、秋分这四大祭祀。最大的是夏至祭。祭祀期间，贵族们从全国各地赶来，齐聚首都。祭祀三天前，所有的国民要灭掉灶火，开始禁食。夏至当天，印加和他的国民从天未亮开始就聚集到广场，等待日出。第一道光照耀的瞬间，民众们高声大喊表示感谢，并唱起欢快的歌曲。在众人的合唱声中，太阳静静地升起，赞美的仪式和灌酒礼随之举行。从一个很大的黄金制的瓶中取出献给神的酒，由印加先喝第一口，然后分给王族的人。群众列队走向太阳神殿，献牲仪式在这儿举行。仪式中使用人牲的情况极为少见，通常是使用美洲驼。祭司会剖开它的身体，根据内脏的情况占卜吉凶。然后用凹面镜聚焦日光，点燃木棉，生成"新火"，这一神圣之火将由太阳神的圣女守护整整一年。作为牺牲的美洲驼被用"新火"烧烤后供奉祭坛，由此，序幕拉开，无数的美洲驼被斩杀，印加和贵族以及民众们的欢宴开始了。太阳神圣女做的玉米粉面包和这个国家特有的酒被端上来，人们尽情地享受音乐与舞蹈，直到夜晚降临。舞蹈与酒宴会持续数日，这样的祭祀是民众至高的享受。

上文提到的在祭祀仪式中分发面包与酒的仪式，与基督教的圣餐礼相似，这令西班牙人非常吃惊。而太阳神圣女的存在及其保护圣火这一职责也让人联想起罗马的风俗，其对童贞的严格要求也与基督教以及古代的风俗一致。而且这些圣女的主要工作是织神衣，这一点也能让我们想起我们的神话。但是，与其他地方不同的是，这些圣女是"印加的新娘"。首都圣女宫里太阳神的圣女中，印加出身的女孩就有一千五百人之多，地方上的圣女宫也住了很多库拉卡的女儿和民间的美女，这些人中最美丽的少女们会被选为王的妃子。据说妃子也有数千人。一旦被选上妃子，即使被放还也不回圣女宫，而是回到自己的家中，作为"印加的新娘"受到世人尊重。这样看来，这个太阳神圣女的制度与印加的多妻主义密切相关，献身给太阳神是通过成为印加的新娘来实现的。

以上是印加的国家组织和文化的概要，一个不会用铁和文字的民族可以建立这样一个国家，这本身是一件值得注目的事。如果这个国家幸存下来并逐渐进入有记录的时代的话，上文所述有关这个国家的具体情况，必将为歌颂印加功绩的口承传说所掩盖。西班牙人突然闯入了这样一个尚处于"传说时代"的国家，将其实情记录了下来，从这点来讲印加帝国可以说是照射到历史研究领域的一束强光吧。在面对希腊和我国的传说时代时，也不能因为传说本身具有幼稚的一面而忽视当时社会构造之复杂与人民生活之丰裕。而即使是在没有文字而使用彩色丝线结绳以表示数字的印加帝国，据说已能做到以人口统计以及其他各种统计结果为基础巧妙地进行生产与分配的统筹安排。政治与生活方面的技术开创远远早于文字方面的技术。

早期的西班牙殖民者对仁政下建设起来的这一美丽国家是持认同态度的。"广袤的国土上，无一人为衣食担忧。整个国家到处秩序井然，人民懂得节制，非常勤劳，因此，这个国家没有奸淫偷盗。以他们温和顺从的性格，如果早期的征服者没有使用暴力的话，应该很容易接受基督教的教义吧。"好几个人的记录中都能找到这样的赞美之词。十六世纪后半期在这个国家长期逗留的阿科斯塔也称："古代人如果知道这个国家的话，一定会非常欣赏的吧。"（Acosata; *The Natural and Moral History of the Indies.* Hakluyt Society. Vol. II, p. 391.）在现代，也有人这么评价："如果印加帝国幸存下来的话会变成怎样呢，其统治形式和社会状态非常有意思，其构造在某方面能让人直接联想到与俄国共产制的相似性。"（Pittard; *Race and History.* 1927. p. 447）

当然也有不同的意见。普雷斯科特就是其中一人。他认为，印加王国的确救济设施齐备，公共事业兴盛，但是那儿不承认人权，没有私人财产，没有择业的自由，没有居住的自由，连选择自己妻子的自由也没有。总而言之就是没有自由的人格。没有自由的地方也就没有道德。因此意大利的卡拉利说："秘鲁的有德之人远远比欧洲人优秀。"（Carli；*Lettres Americaines*，tom. i. p. 215.）这言之过甚了。秘鲁存在着与北美自由的共和国完全相反的体制。在那儿呈现的不是"政府是为人民而建的"，而是"人只是为了政府而产生的"。新的世界成为这两种政治体制的舞台，其中的一种——印加帝国灰飞烟灭，另一种——解决人的自治能力问题，这项伟大实验正在进行中。与封建时代的欧洲相比，印加帝国的功绩应当得到承认。但这个帝国因西班牙人的入侵而迅速灭亡，这也不是毫无缘由的。因为没有自由的人民就没有自由高于生命的爱国心（W. H. Prescott；*History of the Conquest of Peru*. 1847. p. 170-177.）。

普雷斯科特的批评看似言之有理。但是将发展程度相当于"传说时代"这一文化阶段的国家与十九世纪的美利坚合众国放在同一水平上比较，这样的态度是不妥当的。思考一下建成美利坚合众国的民族在其"传说时代"形成了怎样的人伦组织，然后将之与印加帝国作比较，这才是公正的态度吧。不对，这样对其中一方也还是很不利。因为盎格鲁撒克逊民族旁边有希腊、罗马这样高度发达的文化和人伦组织作参考，但印加帝国却是没有榜样，完全凭一己之力成长起来的。但是即使是处于同样的文化阶段，印加帝国形成了更优越的人伦组织，这也不能阻止印加帝国的迅速灭亡。实际上所处文化阶段的不同是致命的。特别是西班牙人所具有的面向宇宙的广阔视野与印加帝国封闭性的狭小视野之间的差异，事实上形成了力量上的巨大差异。

这一力量差异是怎么出现的呢？理应很强大的印加帝国如何被数百个西班牙人迅速地征服了？为了观察这一点，首先必须要观察印加帝国的战力和被征服时的政情。

印加帝国是以仁治国的、和平的国家，但是为了维持这一和平，他们不断进行对外战争。目的是为了推广太阳神崇拜。当然太阳神是仁慈的神，所以不是一开始就以武力侵略对付外蛮，他们首先是想以谦逊与亲切的态度融合对方，如果这一招没有奏效，他们就会采用外交交涉与安抚政策拉拢对方。以上手段都没有成功的话，就诉诸武力。他们能动用的兵力有二十万，士兵通过征兵制度召集，士兵服役采用轮番制，不断交替。民兵一个月接受两三次训练，因此军队秩序井然，战术也很熟练。武器有弓矢、枪、短剑、斧、石弓等。防御靠盾牌和衲缝的厚实的木棉制服装。因为有上文中所述的发达的道路系统，军队的集合与移动都非常迅速。沿路每隔一定的间隔就设置一个仓库，里面放满了军需品。如果掠夺了人民之物就处死刑。因此即使军队从国家的一端向另一端移动，人民也不会由此产生不便。战争的方式也不残酷。不会把敌人逼入死境，不会实行不必要的杀戮与破坏。他们的信条是："敌方的人员与财产不久也会属于我方，不珍惜，即为损失。"这一态度对己方也是一样的。如果战争延长，他们就常常更换士兵，让他们得以休养，当然敌人特别强劲的时候放手一搏打到底的例子也不是没有。敌人投降的话，首先给他们灌输太阳神崇拜的思想。不是让他们蔑视自己原来的信仰，而是要他们把太阳神当做最高的神来崇拜。接下来是进行人口和土地的调查，在那儿实施印加的土地制度。原来的统治者库拉卡被迁到首都学习语言和风俗。一般百姓也要学习共通的语言——首都的语言。

以上是印加帝国的战争与征服的实行方法。这其实就是推广太阳神崇拜的十字军，这是太阳神之子印加的任务。近邻的多个部落渐渐被征服、被融合，在共同的宗教、共同的语言、共同的统治之下，形成了精神上一致的国民。这一点与阿兹特克以武力来实现高压统治的做法是截然不同的。

但是，西班牙人初到时的印加帝国，北至基多南至智利的广大领土，是十五世纪中叶才形成的，三代前的印加王图帕克·印卡·尤潘基在"太阳之子"中最为有名，他的远征军往南穿过阿塔卡马沙漠到达南方的智利，往北则攻克了基多的南部地区。远征基多是太子瓦伊纳·卡帕克指挥的，十五世纪后期父王驾崩后他继承了王位，在位时征服了基多全域。基多是富裕的国家，领土辽阔，因此这次征服被认为是建国以来最重要的一次领土扩张。此后瓦伊纳·卡帕克全心致力于新领土的印加化：建设连接基多与首都之间的新道路、邮递系统，推广首都的语言，改善农业，奖励、改善工艺，等等。这样，印加帝国在十五世纪末十六世纪初达到全盛期。有人认为，如果印加帝国此后能以这一速度持续发展的话，可能很快就能达到东亚诸国的水平。而西班牙人正是在此时来到了印加。瓦伊纳·卡帕克死于一五二五年年末，而十二年前，巴尔沃亚已经到达了太平洋沿岸，前一年的一五二四年年末皮萨罗开始了第一次寻找秘鲁的探险。当时只有阿尔马格罗到达了北纬四度附近的圣胡安河，据说这一消息传到了印加。侵略者可怕的勇气与武器，证明他们有着远远优越于自己的文明，这给印加人带来了非常大的冲击。据说瓦伊纳·卡帕克曾吐露这样的忧思：这些有着不可思议力量的外来人，总有一日会危及印加的王位。据说其他还有各种各样天翻地覆前的征兆。不管怎样，西班牙人的出现使得秘鲁人在心理上退缩了。

但是瓦伊纳·卡帕克在这一异常事件恶化之前去世了，留下了不幸纷争的种子。事情是这样的。他与正妃所生的太子瓦斯卡尔当时三十岁。另外，他与新征服的基多末代国王的女儿之间有一个儿子，名叫阿塔瓦尔帕。他非常喜爱这个王子，为了他甚至破坏了印加帝国的惯例，强行将国土一分为二，分给他的两个王子。他把原来基多王国的土地给了阿塔瓦尔帕。临终之前，他要求瓦斯卡尔和阿塔瓦尔帕要和睦互助。之后的五年内两人相安无事，皮萨罗第二次探险中发现印加帝国的时候内乱尚未发生。但是纯粹的印加人瓦斯卡尔性格温和、宽容，而印加与边境基多人的混血儿阿塔瓦尔帕，虽然比瓦斯卡尔小四五岁，却非常好斗，充满野心。他不断扩张领土的行为刺激到了他的兄长，而同时，宫廷中惯会阿谀奉承的小人离间了两人之间的关系，终于引发了一场悲惨的内乱。

这场战争发生在西班牙人入侵前夕，但是奇怪的是关于这场战争却是众说纷纭，没有一个统一的说法。但总而言之，阿塔瓦尔帕在基多南面六十英里的地方展开了一场血战，给了正统的印加军队以歼灭性的打击。接着他又以附敌为由，进军讨伐原基多王国领土内的托梅班巴城，他父亲瓦伊纳·卡帕克非常喜欢这座城市，曾经在此居住过。攻克之后，他的军队在这儿肆意毁坏、杀戮，这个城市所在的地区也同样遭到了毁灭性打击。残暴的处罚使别的城市战战兢兢，相继投降。大军所向披靡，迅速攻至马哈路卡后，阿塔瓦尔帕留在那儿，派麾下的两员大将向首都进军。在首都，瓦斯卡尔听取了祭司的意见，决定迎战。决战是在离首都数里格的平野上展开的，拉锯战持续了一整天，"为了主君，何惜一死"，臣子们奋不顾身投入保卫战，但是终究还是不敌乘胜追击又身经百战的阿塔瓦尔帕军队，战争结束后，死尸遍野，瓦斯卡尔成了俘虏。

这是一五三二年的春天，西班牙人入侵前几个月的事情。对印加帝国来说，这是前所未有的大事件。不是纯粹的印加血统，而且身上流着不久前还是敌国基多王室的血，这样一个混血儿，凌驾于印加之上了。也许是因为局势动荡的原因吧，传言当时事件中发生了异乎寻常的残暴行为，说是阿塔瓦尔帕得到捷报后，下令优待瓦斯卡尔的同时，向全国的印加贵族发出命令，让他们一起来首都合理解决帝国分配的问题。而当他们在首都聚集后，便被包围并毫不留情地杀害了，不仅是血统纯正的印加贵族，只要有一点印加的血统，即使是女人也不例外。而且是在瓦斯卡尔的面前行刑的，他不得不亲眼看着自己的妻子们、姐妹们被屠杀，不得不说这么残酷的报复，不管是在罗马帝国的编年史中，还是法国革命的相关记录中，都是闻所未闻的。但是这些传说的真实性被认为是值得怀疑的。因为经确认，七十年后，纯粹的印加贵族有近六百人。而且，阿塔瓦尔帕不仅没有杀瓦斯卡尔，也没有杀他的弟弟曼科·卡帕克，因此有观点认为，前文中所述的那些残暴行为的故事，更可能是西班牙人试图为自己的残暴行为辩护而故意夸大的事实。

八 征服印加帝国

正当印加帝国遭遇前所未有的重大变故之时，皮萨罗已经在其第三次远征中来到了秘鲁海岸。

一五二八年皮萨罗回到本国的时候，被他以前在达连湾赶走的恩西索控告而受到暂时拘留，但后来被政府下令释放，他奔赴托莱多，谒见了卡尔五世。国王当时正要从意大利出发去德国出席自己的德意志皇帝加冕仪式，见到皮萨罗带来的秘鲁物产，听了他的探险经历，非常心动，表示愿意支持他。王后在他的授意下，于一五二九年七月，与皮萨罗、阿尔马格罗、卢克三人签订了协议，承认皮萨罗作为新发现的领土的总督而拥有各种特权，任命阿尔马格罗为通贝斯要塞的司令官，卢克为通贝斯的祭司。

与皮萨罗一起滞留戈尔戈纳岛的十三人亦各被封为贵族。当时皮萨罗无视三人均分的誓盟、将权力集中在自己一人手中的行为为后来三人的失和埋下了种子。这些特权得到承认的同时，皮萨罗应承担如下义务：六个月以内完成募兵，回到巴拿马以后六个月内开始远征。皮萨罗马上回到故乡，着手募集资金和士兵，但是并不顺利。据说如果不是正好归国的同乡科尔特斯的声援，他可能筹集不到资金。经过皮萨罗的努力，在约定的六个月时间里，预定目标差不多完成了，于是在一五三〇年一月，他瞒过政府的耳目，率领三艘舰船出发了。

巴拿马的阿尔马格罗对皮萨罗与国王签订的协议很不满，甚至到了想摆脱盟约独自去远征的地步。幸有卢克奔走于其间，三人再次确认了平分收益的盟约，他们开始着手进行远征的准备。在这儿，征兵也很不顺利。加上从本国征集的人，总数也不到一百八十人，马二十七匹。因此，阿尔马格罗留下来组织后援军，皮萨罗于一五三一年一月率领三艘舰船踏上了第三次远征之途。

皮萨罗直奔上次认定的目标通贝斯而去，但是因逆风而没有成功，就计划在北纬一度附近的圣马特奥湾登陆后沿岸南下。这儿是以前基多王国的最北端，他们在城中找到了大量的金银宝石。西班牙人大肆掠夺分赃，皮萨罗立即将战利品送到巴拿马，这为他的援军募集工作立了功。但是之后的行军因酷暑与疫病而极为艰难。土著人畏惧骑兵与火力的威力而躲藏了起来，也没有给他们留下可以掠夺之物。但不久，送到巴拿马的财宝开始发挥作用了。首先追上皮萨罗的是本国派来的官吏们，接着在他们到达南纬一度半的别霍港时，三十名援军也抵达了。南下到达通贝斯北方的普纳岛后，他们与土著人之间纷争不断，此时，两艘船载着一百名援军到来，这样一来，皮萨罗进军印加帝国的入口——通贝斯的态势已然形成。

然而到了通贝斯以后，他们看到的不是上次那样的款待，而是土著人的敌对态度，而且，通贝斯城本身已经成为可怕的废墟。那原本到处都是金银装饰的奢华神殿和宫殿，只留下一片断壁残垣。看着眼前如幻灭后的景象，皮萨罗感到迷惑不解，偶然抓到了这个地方的库拉卡，才知道发生了什么事：忠于印加正统普那岛的勇敢部族与倒向阿塔瓦尔帕的通贝斯城之间发生了战争，结果他们攻下了通贝斯城，赶走了城内的居民。而阿塔瓦尔帕忙于在自己的战场作战，没有帮助通贝斯城。据说直面这次内战使皮萨罗第一次痛切地感受到与土著人联手的必要性，痛感要踏出侵略的第一步，必须详细调查印加帝国的国情，寻找安全的根据地。

因此，皮萨罗将军队的一部分留在通贝斯，然后带领剩下的军队于一五三二年五月初踏上了国内侦察之途。他自己在靠近海岸的低地向南前进，埃尔南多·德·索托的小分队则去山麓地带探险。这次行军他立下了严格的军规，禁止士兵掠夺，因此很快在土著人中树立了威信，所到之处，处处受到款待。而他则对原著民发表宣言，要求他们服从教皇和西班牙国王。原著民们并不清楚这是什么意思，所以没有抗议。因此土著人被承认成为了西班牙国王的顺民。用这一方法侦察了三四周后，皮萨罗选定了通贝斯南方三十多里的地方开始着手建设殖民地，他马上召来留在通贝斯的人与船，又从附近的森林和采石场运来木材和石块。不久，教会、仓库、法庭、堡垒以及其他的建筑都竣工了，市政府也成立了，附近的土地与土著民族被分给了市民，这是印加帝国境内第一个殖民地——圣米格尔。

皮萨罗对印加的国情也有了了解，也确认了在最近的内乱中胜出的新印加在南方十至十二日路程的卡哈马卡扎营。皮萨罗满心期待着能再来几个援军，故把行动推迟了数周，但是推迟行动会使士气低下，他最后还是率领不到二百人的军队，于一五三二年九月二十四日离开圣米格尔，朝着印加阵营的方向开始行动。当时皮萨罗的心境不得而知，但他可能是想以西班牙国王和平使节的身份向印加提出谒见的请求以消除对方的敌意和戒心吧，因为这样接下来可以临机应变、见机行事。

皮萨罗的队伍行进在秘鲁的美丽山河中，每至一地，都受到土著人的款待。这是对西班牙人温良态度的回馈。而且西班牙人深知，能不能像这样得到土著人的好感直接决定了他们的冒险行动是否成功。这样，到了第五天，皮萨罗让队伍停下来，作了一次严密的检查：队员一共有一百七十七名，其中六十七名是骑兵，三名是火枪手，他们中也有人对这次冒险持否定态度。皮萨罗面向全队做了演讲，称：现在我们站在事业的十字路口，不是发自内心想参加这次远征的，对这次远征没有信心的，不应该继续前行。现在回头还不算晚。圣米格尔需要更多的守卫兵，这次回去的人将与留在圣米格尔的人同等待遇。就这样，他以不让离队者蒙羞的方式提出了建议。而提出离队请求的只有九人。这样，皮萨罗把不满的火种挑走后，又开始继续前行。

不久，印加使者带着礼物前来邀请皮萨罗。皮萨罗知道这个使者前来是带着侦察目的的，他非常小心地接待对方，为其说明稀奇火器的用法和白人来此地的目的等等。他是这么说明自己的来意的：他们是大海彼岸的强大君主派来祝贺阿塔瓦尔帕的胜利，并来助后者一臂之力。然后皮萨罗将回礼交给使者，让他回去后，又继续前进。行进了好几天之后，他们来到了岔路口，一条是通往卡哈马卡的山路，一条是通往库斯科的大道。从这儿翻过一条山脉后就进入卡哈马卡了。但这条路是一条羊肠小道，如果敌人有心防卫的话，这儿可以说到处都能成为坚固的堡垒。在此之前，皮萨罗已经听过土著人陈述称印加想把人数不多的白人引进自己的圈套之中，他非常不安，故派了一个翻译去做使者，顺便侦察敌情。对皮萨罗来说，踏上这条山路，需要下很大的决心。但是踏上后才发现，印加没有作任何防御措施。经过数日紧张的行军，他们到达科迪勒拉山顶时，印加的使者带着礼物 —— 美洲驼出现，传达了印加的欢迎之辞。两天后开始走下坡路时，使者又带着礼物出现了。此时皮萨罗派遣的使者也回来了，向他报告了印加的敌意。印加使者一一加以反驳，皮萨罗的心中已经确信这是阿塔瓦尔帕的奸计，但是他不露声色，假装自己从心底信赖印加使者。

终于，第七天，皮萨罗的军队来到了一个可以俯瞰卡哈马卡的地方，此处五里之地中，有三里是美丽的平地，被非常精心地耕作着。住民好似也比海岸地区优秀。卡哈马卡城里，白色的房子在日光中闪闪发光。离城一里远的地方，是印加现在扎营的温泉之地，那儿的丘陵山坡上，无数的白色营帐绵延了数英里。这么多的营帐排列得如此整整齐齐，第一次在这个新世界里看到这样的光景，西班牙人胆战心惊。但是他们已经没有退路，就只好装得若无其事，以战斗队形向卡哈马卡城进军。这是一个人口为一万左右的城市，有着太阳神殿、太阳神的圣女宫、军营、城堡，但这个时候却空荡荡的不见人影。皮萨罗他们踏进这个城市，是在一五三二年十一月十五日的傍晚时分。

当时印加到底是想把这个西班牙人的小部队引进他们的势力范围，还是相信了西班牙人所说的和平意愿、出于好奇心欢迎他们进入，这就不得而知了。他不可能对这些奇怪的外来人不感到疑惧和恐怖，但是仅就表现来看，他真的是从容镇定地任由皮萨罗他们行动。进入卡哈卡马城之后，皮萨罗反而开始感到焦躁，他派了费尔南多·德·索托为使者率十五骑前往印加的阵营。但马上就觉得过于人单势孤，立刻再派弟弟埃尔南多·皮萨罗率二十骑前往增援。将"征服者"们的气质表现得淋漓尽致正是这些彪悍的西班牙骑士在印加阵营所发挥的作用之一。他们在横贯牧场的堤道上飞驰到一里外的阵营，在目瞪口呆的印加士兵的视线下，吹响了号角，如御风的妖怪一样行动如风，一下就逼近了阵营深处的印加座前。在那儿，阿塔瓦尔帕被印加贵族们簇拥着坐在垫子上。虽然彪悍残虐的声名在外，此时的他从容平静，脸上一片无动于衷。埃尔南多·皮萨罗、索托与二三个骑士静静地驱马缓步来到印加面前，他们没有下马，皮萨罗作为使者传达了口信，称他们是大海彼岸强大国王的家臣，听闻印加大捷而来，希望能为印加王效力，并传播真正的宗教。今天黄昏时分到达卡哈马卡，是为了等候阿塔瓦尔帕陛下大驾光临。译者翻译的时候，印加一言不发，脸上也没有明白的表情。旁边的贵族说了一句"好"，但是皮萨罗还是很礼貌地请求印加直接答复。印加无奈只好回答说，自己现在正在斋戒，明天早上能结束，之后会与部下一起前去访问。在此之前，西班牙人可以使用广场上的公共建筑物。至于其他的事情等到了那儿再吩咐。得到这一答复后，索托看印加对马颇有兴趣的样子，就策马纵横，展示了自己高超的骑术。当他纵马疾驰冲到印加跟前又突然停住让马直立而起时，印加还是脸不改色心不跳，非常镇定。

这一戏剧性的会面结束后，归来的骑士们对印加军队的优势心怀恐惧。他们的不安影响到了其他人，这一晚，队内出现了士气消沉的征兆。而此时，皮萨罗则因愿望实现内心充满喜悦，他四处鼓励队员，他的诀窍是以骑士的冒险精神与宗教热情鼓舞士气，也就是高举十字军精神。他还召集干部将他大胆惊人的计划告诉了众人。那就是，埋下伏兵，当着印加全军的面将印加俘虏。

这是一种奋不顾身的战法，但是他觉得除此之外别无他法。如果退却的话，将会全军覆没。而如果在此和平地逗留，那么白人留给土著人的非凡的、超自然的印象会慢慢淡化。印加王想将西班牙人诱入掌中，这也并非没有可能。要从这一圈套脱身只有一条路，那就是反过来将这个圈套用在对方身上，而且是越早越好。如果印加的军队从南方集结，那事情会变得更麻烦。所以，印加应邀前来赴宴，这是必须把握的最好机会，如果通过偷袭将印加控制起来，以后就能挟令全国。这就是皮萨罗的想法，干部们一致赞成并决定次日实施行动。

一五三二年十一月十六日黎明，当部下的军队整备装备时，皮萨罗将偷袭计划简单地告诉了大家，并作了各方部署。他们宿营的低矮建筑物从三个方向包围了广场，而这个广场的一端建着一个堡垒，面向农村。皮萨罗将骑兵分成两队，分藏在两个建筑物中，然后把步兵埋伏在另一个建筑物中。堡垒中设两门鹰炮，迎接印加时，皮萨罗的手边只有二十名士兵，一旦机会来了，就以鹰炮为号，从三方突击抓捕印加。部署完成后，他们举行了庄严的弥撒，对他们来说，为十字架之战即将开始。

皮萨罗的准备工作从早上开始，很快就一切就绪，印加这边的行动则是慢条斯理的。印加一行率领军队出动已是中午时分，他先派使者去见皮萨罗确认是否可以如昨日的西班牙人一样带着武装的兵士前往。印加乘舆来到街道，而他的大部队也大举压近，覆盖了沿道的原野。但是国王的仪仗队在城外半英里的地方停了下来，开始搭帐篷。说是今夜在此宿营，明日一早入城。这一消息使皮萨罗困惑不解。对于从早上就开始严阵以待的西班牙人来说，没有比这样的延长更危险的事。他说服阿塔瓦尔帕称约定不可更改，欢迎的准备工作都已就绪，已预定今夜双方共进晚餐。听闻此言，印加又改变了主意，决定继续前行。而且他通知皮萨罗说，他觉得还是在卡哈马卡过夜好，因此他会将兵士的大部分留在后面，只带少数人不带武器入城。皮萨罗觉得自己如有神助，印加自己跳进了圈套里来。

据说阿塔瓦尔帕的性格是大胆而果断的，因此他这时的动摇是非常令人费解的。但是他相信白人而接受了邀请，这一点是毋庸置疑的。不然他是不可能提议不带军队不带武器前来访问的。他是个绝对不会放过一点疑点的君主。而且，在数万大军中，仅凭一百六十余人的少数人袭击一个有势力的君主，这样大胆的行为，对他来说是绝对意料不到的。总而言之，印加人不像西班牙人那样对对手了解得很透彻，他们不了解西班牙人，也不可能了解。这到底还是视野扩大到整个世界与封锁于一国之间的区别吧。

快日落时，印加队伍的前列已过了城门，走在前头的是印加的数百个随从，一边清道，一边唱着沉闷的凯旋歌前进，到了广场后即分列左右，让后列通过。后面是穿着各色制服、不同身份的随从队伍，有穿着红白方格制服的，有穿着白色制服、扛着银铜制棍棒与锤子的，还有穿着美丽的天蓝色制服的护卫兵。他们也秩序井然地分站左右两边，让出通道。随行的贵族们也穿着美丽的天蓝色服装，身上戴满了华丽的饰物。印加坐在肩舆上用金银与羽毛装饰的沉重黄金御座里，戴着硕大的绿宝石项链和黄金发饰，淡然地俯视着人群，进入了广场。大约有五六千人进来后，阿塔瓦尔帕停下来环视四周，问道：外来人在哪儿？

此时多明我会的修道士巴尔韦德一手拿圣经、一手持十字架靠近印加，传达了西班牙人奉司令官之命前来宣传真正信仰的宗旨。他的说明涉及三位一体的教义、人类被创造、人的堕落、耶稣基督的救赎、使徒彼得的法统、教皇的权威等等，最后提到了这次远征的意义。他是这么说的：教皇委托世界上最强大的君主西班牙皇帝征服这个西方世界的土著人，并让他们改信基督。为了完成这一重大使命，弗朗西斯科·皮萨罗将军来到这里。希望你们能热情地迎接将军，丢弃现在的错误信仰，皈依基督教。而且你们要承诺向皇帝卡尔五世朝贡，以此为前提能得到皇帝的援助和保护。

印加有没有理解这一说明的内容值得怀疑，但是他非常清楚这是在逼自己投降。印加瞋目皱眉回答道："我不可能成为谁的朝贡者，我是世上最伟大的君主。你们的皇帝也许也是个伟大的君主，看他派臣子远渡重洋来到这里就可以确信。我乐于将他视为我的兄弟。但是你们的教皇，从他要将不属于自己的国土授予别人这点来看，毫无疑问是个疯子。我不会改变我的信仰。如你所说的，你们的神被自己创造的人判处了死刑。但是我的神，看，现在还在天上俯视着他的孩子。"说到这儿，印加指了指当时已沉向西山的太阳。然后，他问巴尔韦德，你说的话是以什么为根据的？修道士指了指手中的圣经。阿塔瓦尔帕拿起圣经翻看了几页，可能这时受辱的感觉涌上了心头，他粗暴地将圣经掷去，说："告诉你的同伙，他们必须详细地报告他们在我国家的所作所为。他们不解释清楚自己的恶行，我就不离开。"

修道士因为他对圣经的侮辱而愤怒。他捡起了圣经，急忙来到了皮萨罗的身边，说："跟这条傲慢的狗说话间，土著人的数量越来越多了。快点发信号，现在怎么做都行。"皮萨罗挥起了白色的围巾，从堡垒那儿传来了鹰炮的射击声。皮萨罗与部下呐喊着冲向广场，埋伏的骑兵与步兵的集团应声从三个方向的建筑物中出来，冲入人群。鹰炮与步枪的声音响彻四方，广场上的群众陷入极度的混乱与恐怖之中，他们四处奔逃，广场入口尸体堆积如山，堵塞了通道，推挤的人群将石头与泥土筑成的厚墙也推倒了。在这一片混乱之中，西班牙人马纵横驰骋，横扫一片。

忠诚的贵族们群集在印加王周围，以身为盾保护印加，他们没有武器，为了击退骑士，只能扒在马身上，或拼命要将骑士从马鞍上拉下来。这些人被砍倒后，又不断有人奋不顾身冲上来，因此印加还是稳稳地坐在肩舆上，如同一叶小舟漂浮在人群的波浪上。夜色渐深，西班牙人害怕印加脱身，有人甚至动手想杀了印加。离印加最近的皮萨罗大喊"惜命的话就不要碰印加"，伸出手护着印加，结果被自己人伤了手。这是这场大乱中西班牙人唯一所受之伤。不久扛着肩舆的贵族中数人被杀，肩舆被掀翻，在印加撞向地面时，皮萨罗与两三个骑士接住了他，并将他带入两旁的建筑中，严密保护了起来。

印加成为俘虏后，所有的人就放弃了抵抗，狂奔出逃。郊外扎营的军队也乘着夜色逃走了。一场大乱，半个多小时就解决了，但是其间的死者，有说是两千，有说是一万。

皮萨罗当夜守约与印加共进了晚餐。他多方安慰印加，告诉他，不仅是他，抵抗白人的其他君主也都是同样的命运，白人是为传播耶稣基督的福音而来，有基督的佑护，当然是不可战胜的，阿塔瓦尔帕是因为侮辱了圣经才被降服的。西班牙人是宽大的民族所以可以信赖等等。

次日起开始清理城市，处置印加的财宝。此前被派到印加营帐的三十人中的一队，带来了很多男女，是印加的后妃和随从等人。皮萨罗让一部分人回家，一部分人留下来供西班牙人使唤。他们又从当地印加的行宫搜来了无数的金银器皿和宝石，从死去的贵族身上也得到了丰富的饰物。而城中仓库里木棉和羊毛的织物堆积如山。

阿塔瓦尔帕很快就看清了，这些西班牙人对宗教满口热情的背后，还有更强烈的欲望在驱使着他们，那就是对黄金的欲望。他想从这儿找到自己的生路。如果在这儿与西班牙人浪费时间，现在被囚禁起来的兄长瓦斯卡尔会出来复位，因此自己必须马上恢复自由，一刻都不能耽误。所以他向皮萨罗提议，如果释放了他，他将提供黄金把这个房间的地板盖满。听到他的话后，众人觉得难以置信，不禁笑出了声来。印加非常着急，挺起身，向墙壁伸出手，说，不止是覆盖地板，黄金将会堆到我的手所能摸到的高度。皮萨罗仔细思考了以后，赞成了这个提议。他在印加所示的高度上划了红线。房间宽十七英尺，长二十二英尺，红线的高度在九英尺。另外，印加还必须交出将另一个小房间填满两次所需的银子。期限是两个月。契约签订后，印加马上派了他的随从奔赴库斯科及其他地方，命令他们尽快将王宫、神殿以及其他公共建筑物上的黄金装饰与器具送到卡哈马卡。

在此期间，印加在西班牙人的监视下过着与以前一样的生活，有妃子们的服侍，臣下也可以自由地谒见他，他虽为被执之身，但臣下对他的尊崇没有丝毫改变。皮萨罗只要抓住机会就展开宗教论战，在关于让印加被敌人囚禁的神不是真正的神的辩论中，印加看来是低头了，但是，面对着这样可怕的新形势，他最关心的还是与兄长瓦斯卡尔的关系。瓦斯卡尔听说弟弟被囚禁并被索取赎金之事后，他计划向皮萨罗出更高的赎金，但此事被人泄露给了阿塔瓦尔帕。加上皮萨罗想利用这对兄弟之间的对立，故声称要将瓦斯卡尔叫到卡哈马卡来调查一下谁是正统的印加。这些事激起了阿塔瓦尔帕的嫉妒心，阿塔瓦尔帕就让人把瓦斯卡尔杀了。据说瓦斯卡尔最后说的一句话是"白人会给我复仇的"。事实上此事后来真的成了阿塔瓦尔帕被处刑的一个非常有力的借口。

黄金开始从各地运来，这更激发了西班牙人的贪婪。他们对黄金的筹集速度不满，甚至怀疑这是阿塔瓦尔帕的阴谋。这时有传言称秘鲁人将发动起义。皮萨罗将传言告诉了印加，阿塔瓦尔帕非常惊讶，当即予以否定："我的臣下没有我的命令绝不会行动。阁下既然抓住了我，那就是最高的保证。"然后他向皮萨罗说明了从远方运来沉重的黄金为何会花费这么多时日。"当然，阁下可以派部下去库斯科确认。我可以授予他们通行证。到了那儿，你们可以亲眼看到，我答应你们的黄金正不断运来，也没有人在谋划什么反对运动。"（Prescott. op. cit. p. 430.）。这个提议的确非常合理。皮萨罗听从了他的提议，往库斯科派了使者，同时，又派了一支队伍前去侦察。结果正如阿塔瓦尔帕所说。阿塔瓦尔帕的部下中最得力的两员大将之一查尔库奇马当时率军三万五千人在豪哈附近，印加被囚后一时无措，被皮萨罗的弟弟说服来到了卡哈马卡。另外，库斯科的太阳神殿中的七百块金板被揭下来带走了。

其他方面西班牙人的运势也在好转。卡哈马卡事件一个多月后，阿尔马格罗率领步兵一百五十人、骑兵五十人的援军，于一五三二年十二月末到达圣米格尔，第二年的一五三三年二月中旬进入了卡哈马卡。

黄金还是没有堆积到红线。西班牙人等不及了。大家觉得在这儿磨蹭的时间里土著人把财宝都藏起来了，所以必须马上分配财宝，然后向首都进军。于是，除了一部分献给西班牙国王的精美金银工艺品外，其余的金银物品全都被他们熔铸成了金块。金的总量达到一百三十二万六千五百三十九比索（十九世界中叶可换算为三百五十万英镑、一千五百五十万美元），为了表示"对神的敬畏"，他们"在神的面前"进行了分配。现在剩下来的问题只有一个：该怎么处置俘虏阿塔瓦尔帕。释放的话太危险，继续关押的话，接下来开始进军库斯科，关押会很困难。印加一再要求释放他，而皮萨罗虽然免去了他未交完的部分赎金，但是声称会将他关押到援军抵达的时候。这时候土著人起义的传言再次盛行。传言出自何方不得而知，据说极度憎恨阿塔瓦尔帕的翻译非常值得怀疑。不管怎样，被怀疑为主谋的印加再次遭到皮萨罗的审讯。与前次相同，印加辩解称绝没有这种计划，但是他没能洗清自己的嫌疑。新来的阿尔马格罗和他的部下主张判处印加死刑，皮萨罗好像没有同意，埃尔南多·德·索托及其他少数几人也不赞成，索托被命令带一小支部队前去侦察传言的真相。但是，队内要求处罚印加的舆论高涨，最后皮萨罗也不得不同意将印加交付法庭。

印加被告发的共十二条罪行，其中重要的是以下的几条：篡夺王位并弑兄、在西班牙人征服后还浪费国家财产并将之赠与家族与宠爱之人、偶像崇拜、实行多妻制而触犯奸淫罪、策划反叛西班牙人。除了最后一条外，都不应该是西班牙人能对他进行审判的罪行，但是这最后一条证据不充分，所以不得不加上其他几条来增加他的罪行。审判立刻开始了。证人被叫来了，但是，证词被心怀恶意的翻译任意歪曲，而且据说之后还就判阿塔瓦尔帕死刑之利弊进行了讨论。结果阿塔瓦尔帕被判有罪，并被判处以火刑，当夜立即执行。他们没有等待索托的侦察报告以确认他是否真的谋反。不过也不是没有人反对这一傲慢的做法。证据不充分，这个法庭没有审判一国之君的权力，要审判的话必须要把印加送到西班牙、在皇帝的面前举行等等，但这样的反对意见以一比十的比例成为少数意见而没被采纳。

听到判决后印加非常悲伤，连皮萨罗都被打动了，当印加哀求愿意交付两倍的赎金时，皮萨罗转过身去，无法面对他。印加自知无望，又恢复了冷静，之后一直表现得很平静。印加的死刑于一五三三年八月二十九日日落两个小时后举行。印加被绑缚在柱子上，木柴越堆越高。此时，多明我会的修道士举起了十字架称，抱着它接受洗礼就可以从火刑减成绞刑。印加向皮萨罗确认为实后，同意放弃自己的宗教，接受洗礼。接受洗礼后，印加成为胡安·德·阿塔瓦尔帕，他留下遗言要求将自己的遗体送回基多，并把遗孤托付给了皮萨罗，静静地走上了刑场。

一两天后，埃尔南多·德·索托侦察归来，他听到此事后非常震惊，勃然大怒，马上参见皮萨罗，不客气地说："你操之过急了。阿塔瓦尔帕受到了卑劣的中伤。瓦马丘科根本没有敌人，土著人的起义也是根本没影的事。我们一路受到欢迎，一切都很平静。如果印加要受到审判的话，就应该将他带到卡斯提尔，请皇帝裁决。为了看到印加平安坐上海船，我愿以命担保。"（Prescott. op. cit. p. 476.）他的抗议很有道理。皮萨罗承认了自己的草率，称自己是被修道院士和司库欺骗了。结果这句话传到了两人的耳朵里，愤懑不平的两人当面责问了皮萨罗，双方互相指责对方是骗子。由此也可以看出，对印加的审判是不公平的，这恐怕是西班牙殖民史上最大的罪恶。

握有绝对权利的"太阳神子孙"的统治，至此落下了帷幕。曾经井井有条的国内秩序随之崩溃，但是，新的秩序却还没有建立。这是一种革命一触即发的状态，皮萨罗认为此时最明智的做法就是利用旧的权威，故决定让阿塔瓦尔帕的弟弟图帕克成为王位继承人，亲手为他戴上了王冠。然后，他率领五百名士兵，带着新印加和老将军查尔库奇马，于一五三三年九月初开始向首都库斯科进军。路上也不是没有遇到土著人的抵抗，但是粗野的骑士们闯了过去。途中，在豪哈的时候，年轻的印加突然死去，老将军查尔库奇马被怀疑暗杀了印加并唆使土著人起义。军队在库斯科附近的别墅区停留休整数日，其间，皮萨罗将老将军送上了法庭。他也被判了火刑。但是，老将军毅然忍受了痛苦，至死都没有改变宗教信仰。谁知，紧接着，正统的王位继承人 —— 瓦斯卡尔的弟弟曼科出现了，他要求继承王位，并寻求西班牙人的保护。皮萨罗高兴地将他迎入，甚至称自己是被西班牙国王派来支持瓦斯卡尔夺回王位并惩罚阿塔瓦尔帕的篡位之举的。这样，他带着正统的印加曼科·卡帕克于一五三三年十一月十五日进入了首都库斯科。

库斯科当时的人口有二十万，据说郊外也有二十万居民。这也许是夸张，但是作为帝国的首都，库斯科城里有来自全国各地的贵族们的府邸，还有前文提到的经过历代印加的建设而金碧辉煌的神殿与宫殿。皮萨罗禁止兵士掠夺居民的家宅，但没有禁止士兵洗掠众多的神殿和宫殿。士兵们甚至连坟墓也没有放过，他们到处搜寻藏宝之地，找到后就按前例熔铸为金块或银块。其总额有人说比阿塔瓦尔帕的赎金还要多，但也有人说不如赎金多。

曼科由皮萨罗授冕，即位成为印加。神殿与宫殿被毁坏，在那儿建起了基督教会、修道院，以及其他各种欧式建筑。皮萨罗朋友中在这儿定居的人也不少。这样，西班牙人对库斯科的统治时期开始了，但是在西班牙殖民地建成以前，西班牙人之间的内乱持续了大约十五年。

首先是危地马拉的征服者佩德罗·德·阿尔瓦拉多于一五三四年三月来征服基多的事件。事件的解决不是通过交战，而是以皮萨罗花费十万比索买了阿尔瓦拉多的舰队和军队（五百人）为终结。

接着是皮萨罗与阿尔马格罗的冲突。如前文所述，两人的不和在第三次远征出发前已有前兆，但在征服秘鲁之际自然和解了。征服秘鲁后，一五三五年一月皮萨罗在今天的利马之地建设新的首都，同年七月初阿尔马格罗出发远征南方，此时两人在契约和誓言之下还保持着良好的关系。之后在历时一年半的大远征中，阿尔马格罗突破安第斯山脉到达智利，归途中又穿过阿塔卡马沙漠。他于一五三七年春天回到库斯科高原，这时候情况就完全不一样了。原因之一是在远征队离开库斯科期间，发生了印加·曼科策划独立的事件。印加·曼科逃出了库斯科，召集民众拿起武器包围了库斯科。半个城市被焚毁，城堡也被暂时占领了。防御战中，皮萨罗三个弟弟中一人战死，皮萨罗虽前往救援，但途中被阻在山路，无计可施。若反叛之火不久烧遍全国的话，征服的成果也将前功尽弃。思及此，皮萨罗向巴拿马、尼加拉瓜、危地马拉、墨西哥等地的总督求援。科尔特斯派来两支援军正是在这个时候的事。以上是阿尔马格罗远征回来所面对的形势。第二个原因是，阿尔马格罗远征期间被西班牙国王任命为秘鲁南部的总督，土地包括从圣地亚哥河以南270里格处开始往南的所有国土。阿尔马格罗认为库斯科也属于自己的领地，因此，他在击退曼科军队的同时逼近库斯科，要求皮萨罗的弟弟贡萨洛和埃尔南多将城市交给他。两人犹豫不决之时，阿尔马格罗于一五三七年四月八日夜间突然入侵，将两人擒拿。这是皮萨罗派与阿尔马格罗派冲突的发端。

此时，收到皮萨罗救援请求的阿尔瓦拉多正带领五百名士兵向库斯科进军。阿尔马格罗立即派人通知他首都已被自己占领，但阿尔瓦拉多将使者拿下后继续前进。阿尔马格罗大怒，派兵突袭这支队伍，并于七月十二日取得胜利。印加的军队也被赶入山中。现在阿尔马格罗需要做的事是，在南秘鲁找到海港以与本国建立直接联系。他带着皮萨罗的弟弟来到海岸，贡萨洛逃走了，埃尔南多还在手中。皮萨罗为了救回他，以极为平和的态度与阿尔马格里罗展开了交涉。十一月十三日，双方在利马南方见面，皮萨罗承认了阿尔马格罗对库斯科的领有权，以此为交换条件，埃尔南多得以释放。但是他一获得自由，皮萨罗就宣布契约无效，双方再次开战。对阿尔马格罗恨之入骨的埃尔南多于第二年一五三八年的春天攻打库斯科，四月末在首都附近，双方各以七八百人的兵力展开决战。阿尔马格罗当时因生病无法立于阵头指挥。结果兵败被俘，被送上了法庭。埃尔南多对这位以前的战友毫无怜悯之心，七月八日阿尔马格罗被判处死刑。

阿尔马格罗的儿子迭戈当时在利马，但是他不能继承总督的地位，还与其同伙被视为智利派，并受到排斥。因此，他们向本国告了一状。为了与其对抗，埃尔南多·皮萨罗也于一五三九年回到本国，但是他把总督处以死刑的行为是无可辩解的，于是很快被逮捕，在狱中被关到了一五六〇年。而在秘鲁，团结起来的智利党于一五四一年六月偷袭皮萨罗，成功地杀了他。皮萨罗当时六十三岁。很多史学家一致认为他是罪有应得。

继以上党争之后又发生了两派残党与本国政府新任命的总督之间的争斗。最先登场的是暗杀了皮萨罗的智利党，与之对抗的是被本国政府任命的王室法官——法学家巴卡·德·卡斯特罗，他本来是受命前来与皮萨罗共行良政的。他接到的命令称，如果皮萨罗死去的话，他要继任总督之职。结果他一到秘鲁的北方，就接到了皮萨罗被暗杀的报告。因此他作为总督进入了基多地区。他一边在西班牙人的军队中做宣传，要求大家忠于本国政府，一边缓缓南下。在利马，阿尔马格罗的儿子迭戈与智利党一起，拉拢同伙，迅速地扩大着自己的势力。但是新总督的势力还是略胜一筹。一五四二年九月十六日在利马与库斯科之间的决战打响时，总督一方有骑兵三百二十八名，步兵四百二十名，而阿尔马格罗一方骑兵为二百二十名，步兵二百八十名。这次决战的结果是，智利党溃败，迭戈被处刑。就这样，法学家卡斯特罗非常聪明地使西班牙军人们臣服在本国政府的权威之下。

接下来登场的是皮萨罗的季弟贡萨洛。他的对手是接替卡斯特罗的位置而被任命为副王的布拉斯科·努涅斯·维拉。贡萨洛已于一五四〇年被任命为基多总督。卡斯特罗来基多的时候，他尚未从艰苦的亚马孙河谷远征中归来，当他带着幸存的八十名西班牙人历尽艰辛回到基多高原时，总督已经南下了。听到兄长被暗杀的消息，他愤然要求加入讨伐阿尔马格罗的军队。但是总督并不希望皮萨罗派加入，故拒绝了他的申请。这狠狠地伤了贡萨洛的自尊，但是他没有反抗卡斯特罗，而是听从他的建议，投入了南方玻利维亚的波托西银矿开发事业中。然而随着副王布拉斯科·努涅斯·维拉上任并强行推行拥护土著人权的政策后，事件爆发了。这一拥护土著人权的要求可以说是对秘鲁征服者们这十年来行为的否定。征服者们在秘鲁的残虐暴行实在是史上罕见，在本国也遭到议论。一五四二年，拉斯·卡萨斯提出土著人的人权保护议案。提议被采纳，一五四三年十一月在马德里发布了有关奴隶解放的详细敕令。敕令传到秘鲁后，在分到的领地上把土著人当奴隶使用的征服者们认为自己的生活会被破坏，纷纷抱怨：

"秘鲁是我们征服的。政府没有出什么力，然而现在政府却来抢夺我们的胜利果实，面对这样的暴举，谁会保护我们呢？"此时，贡萨洛·皮萨罗成了大家的希望所在。书信、使者从全国各地纷至沓来，一直埋头于银矿经营的贡萨洛终于被说动，决定挺身而出，进入库斯科领导这次特权拥护运动。不久，他召集了军队，开始向利马进军。副王手下的军队也不断有人倒戈投入皮萨罗阵营。渐渐地，副王在身边人中的威望也消失殆尽，他被手下的法官和市民送上船，驱逐到了巴拿马。贡萨洛就这样于一五四四年十月末兵不血刃地进入利马，成为秘鲁总督。被驱逐的副王途中在通贝斯逃脱，进入基多，谋划东山再起，但是贡萨洛一直穷追猛打，一五四六年一月，副王战死。

西班牙政府为这一局势所震惊，他们虽然也有意对无视国王命令的反叛势力施加惩罚以全力维护国王的名誉，但是考虑到此工作之困难，还是决定派佩德罗·德·加斯卡去对他们好言相劝。加斯卡是位修道士，也是萨拉曼卡大学很有才能的学者，当时他已以其政治才能崭露头角，因此被选中担当此任。加斯卡在听到此次任务的说明后称，自己不要报酬，但是需要得到皇帝的全权委托。以前的总督、副王中从未有人被授予过这样广泛的权限，政府很难决策，但是一五四六年二月，卡尔五世皇帝淡然将之授予了加斯卡。加斯卡由此不仅掌握了任地的宣战权、募兵权、任免权，甚至有权施行大赦，取消有争议的维护人权的敕命。他五月底出发离开了本国。随从的人很少，皮萨罗以前的部下阿隆索·德·阿尔瓦拉多应加斯卡之请加入其中。

为了应对来自本国的压迫，贡萨洛·皮萨罗派了二十艘威武的战舰前往巴拿马，占领了地峡对岸的农布雷·德·迪奥斯。而加斯卡却穿着一身朴素的修道士服，不带军队来到贡萨洛的地盘，开始他的劝和工作。舰队司令官伊诺霍萨是一个热心的皮萨罗派成员，但他被加斯卡说服，承认其拥有国王委任的全部权力，并保证将听命于加斯卡。皮萨罗要派到本国去的心腹也采取了同样的态度。因此，一五四七年二月，加斯卡让他与四艘船先行，并让他宣传，凡是愿意回来恪守作为西班牙国民应尽义务的人都会得到赦免，其财产也会得到保护。跟随皮萨罗的西班牙人人心动摇，开始纷纷离队。皮萨罗离开利马，先发部队轻松占领了那个地方。而加斯卡本人则通过募兵建立起了军队，他于四月率领舰队从巴拿马出发，六月中旬到达通贝斯。全国的西班牙人都纷纷响应。

加斯卡经过南方的利马向豪哈进军期间，皮萨罗企图率领残部逃到智利，但是途中被以前的部下森特诺所阻。他是为了让皮萨罗出山而奔走过的人之一。皮萨罗试图与他私下谈判解决，但被拒绝了。两军于一五四七年十月末在的的喀喀湖畔交战。皮萨罗在战争中获胜，再度进入库斯科，准备与加斯卡的军队决一死战。加斯卡在一五四八年的春天率领两千名士兵逼近库斯科近郊，四月九日与敌军对峙时最后一次劝降，但皮萨罗没有听从。开战前，步兵队的指挥官发出叛变的信号后跑向加斯卡阵营，骑兵也紧随其后。众叛亲离的皮萨罗和剩下的少数部下被捕后被送上了法庭，他被判处了死刑。

　　加斯卡在秘鲁建立起了国家秩序。他于一五五〇年春天回到西班牙。也正是这个时候，沙勿略来到了日本。

九　太平洋航路的开辟与对菲律宾的攻掠

　　众所公认，对秘鲁的征服是欧洲人殖民史上最黑暗的一页。征服者们视自己为十字军，但是在基督教世界中已无人会为征服者们的暴行辩护。如前所述，在当时已经有拉斯·卡萨斯对他们的所作所为持否定态度，而这在一段时间内甚至成为了西班牙的国策。但是在这种非人道的征服事业中我们也不得不看到他们极为旺盛的探索精神。皮萨罗的同伙阿尔马格罗与皮萨罗同样不学无术，但是征服秘鲁以后，他立即南下，在安第斯山脉中，完成了从现在的玻利维亚、阿根廷西境地区到智利的极为艰难的探险。还有皮萨罗的弟弟贡萨洛·皮萨罗，从基多的东境进入亚马孙河的上游地区，历尽艰辛。他的部下奥雷亚纳等人，为了筹集部队的食粮顺流而下，结果无法返回，只得顺流一直漂到了亚马孙的河口，完成了一次远游。这样活跃的冒险行为，即使其中夹杂着对黄金的欲望，还是有着走在近代世界变化趋势前沿的意义。

　　这一特征在墨西哥的征服者科尔特斯身上也很明显。他没有因为征服事业的完成而停止活动。他把余生的精力都集中在了开拓大西洋到太平洋的通道、探索太平洋沿岸等事业上。从这一点来看，征服墨西哥及秘鲁，对于原来从欧洲往西到达印度和中国的运动来说只是一段插话罢了。而新大陆的发现所具有的意义却远远大于印度航路的发现。但是面向西方的开拓视野运动并没有因此止步。现在美洲大陆以西的大洋成了未知的世界，等待他们去探索，对西方的渴望使他们不得不先闯过这一片大洋。

被征服的墨西哥和秘鲁现在开始成为西航运动的基地。而且征服太平洋的行动在征服墨西哥的同时就已经开始了，那就是麦哲伦的环球航行。

早在一五〇三年，亚美利哥·韦斯普奇就有了从欧洲出发经西南航路到达香料之岛的想法。一五〇八年，维森特·亚涅斯·平松与胡安·迪亚斯·德·索利斯将这一想法付诸实施，但在南纬四十度附近失败了。之后不久，一五一三年巴尔沃亚发现了太平洋，这是一个非常大的刺激。很多人想将大西洋与这个新发现的海连接起来。一五一五年，上文中提到的索利斯在南美发现了通往太平洋的海峡，他计划沿着海峡前往巴拿马，但是在拉普拉塔河附近被土著人杀害。西南航路的开辟需要一个比平松、索利斯更强有力的人物。这时，麦哲伦出现了。

麦哲伦其人其事已在讲述阿尔布克尔克进攻果阿一事时（"前篇 世界视野的形成过程 第一章 面向东方的视野扩大运动"中"五 征服印度"）提到过。他出生于葡萄牙东北端的一个州，一五〇五年二十四五岁时跟随德·阿尔梅达前往印度，中间一度归国，参加了一五〇九年的马六甲远征，一五一〇年因为反对阿尔布克尔克进攻果阿的计划而为其所恶，不得不断了在印度洋出人头地的念头。归国后他为了去非洲谋求自己的社会地位而出征摩洛哥，但也不如想象中顺利，没能得到国王的青睐。感到失意的他退隐后专心研究宇宙学和航海学，这时，他的好友塞朗来信告诉了他航海到达摩鹿加群岛之事。信中说，摩鹿加群岛离马六甲非常远。那么，他就产生了这样的疑问：摩鹿加群岛是否在西半球，也就是在西班牙的领土上呢？在与天文学家鲁依·法莱罗就这个问题进行探讨的过程中，麦哲伦产生了绕过南美去摩鹿加群岛的想法。

但是这一想法在葡萄牙无法实现。因为要通过西班牙的领土很困难，再加上葡萄牙国王并不欣赏麦哲伦的业绩和才干。出于以上原因，他终于决定移居西班牙。他与鲁依·法莱罗、克里斯托弗·德·哈罗等人一起于一五一七年来到塞维利亚。麦哲伦受到了迪奥戈·巴尔博萨的款待，还娶了他的女儿贝亚特丽斯。很有权势的商馆长胡安·德·阿兰达也与他意气相投。

一五一八年初，麦哲伦和法莱罗、阿兰达一起拜访了巴利亚多利德的宫廷，提出了他们的计划。虽然他们有几分担心，但三月二十二日，契约终于成立了。按照契约，麦哲伦只能在西班牙的半球内行动，一旦找到航路，他可以拥有十年的独占权。这一航路是指通过美洲南边的海峡进入太平洋的通道。发现了新的岛，就可以得到其收入的二十分之一和总督的称号与地位。参加对新发现地区的远征可以得到一千达卡特的商品，发现六个以上岛屿的话，可以选择其中的两个，获取其收益的十五分之一。此外还可以获得第一次航海纯利益的五分之一，等等。在此契约下，政府提供五艘船（一百三十吨两艘、九十吨两艘、六十吨一艘）以及二百三十四名乘员所需的两年食粮。麦哲伦要求掌握这支探险队的最高权力，并请国王对各位船长以至乘员下令要对总指挥官绝对服从。不过船的装备所花费用的五分之一（四千达卡特）是与麦哲伦一起移居西班牙的哈罗承担的。

听到这一计划后葡萄牙政府大吃一惊，并立即加以干涉。他们一方面派使者正式向卡尔王提出抗议，一方面让塞维利亚的葡萄牙商馆长劝说麦哲伦，但都没有奏效。于是他们开始四处诽谤中伤。麦哲伦的准备工作多少因此而延迟，他的伙伴法莱罗也因此退出了。代替法莱罗加入的是巴尔博萨的侄子杜阿尔特·巴尔博萨和佛罗伦萨人安东尼奥·皮加费塔。特别是后者作为这次航海的记录者非常有名。

麦哲伦于一五一九年九月二十日率领五艘舰船出发，他从一开始就严格命令各艘船的船长必须作为舰队的一部分来行动，并不间断地用信号灯与他们保持联系。最早起来反抗这一严格统领的是圣安东尼奥舰的船长，这艘船是与旗舰（特立尼达号）同样的大型舰船。麦哲伦将他监禁后更换了船长，但争端却显而易见地扎下了根。舰队年内到达了里约热内卢，第二年（一五二○年）一月十日抵达蒙得维的亚。这是以前索利斯到达的最南端。从二月一日开始，他们踏入了南方的未知世界，仔细地调查了每一个海湾。三月三十一日他们来到了圣胡利安港（49°15′），麦哲伦决定在这儿越冬，这引起了船员们的不满，再加上上次的争端并没有得到很好的解决，矛盾爆发了。

反叛发生在四月一日晚上，名为概念号的中型船的船长首先释放了上文提到的那个被囚禁的船长，那个船长马上领头袭击了自己以前担任船长的圣安东尼奥号的新船长，夺回了这艘船，中型船维多利亚号也站在了他那一边。次日早晨形成了麦哲伦两艘船、反叛方三艘船的形势。麦哲伦召集各艘船的船长，但反而接到了对方阵营要求他去圣安东尼奥号的回答。反叛者们已经都聚集在那儿了。麦哲伦乘隙派心腹去维多利亚号杀了船长，夺回了舰船，接着在当夜抓住圣安东尼奥号脱离锚绳、向己方漂流过来这个机会，突然向其发起炮击，并派军队向这艘大型船进行突击。反叛的船长们都被捆缚起来，其中概念号船长被处以斩首刑。这场骚乱发生在离他们的目标海峡只有两百海里的地方。

之后，麦哲伦在海峡附近停留五个月越冬，他的想法是如果到南纬七十五度没有发现海峡的话就返航。他已经做好了要深入高纬度寒冷地带的心理准备，因此要先安定下来，做好准备工作。而在他准备继续前行时，他先派出了小型船圣地亚哥号前去。但这艘船在圣克鲁斯（50°）失事，成员们历经千辛万苦才得以回来。将他们分别安排到其他四艘船上后，一五二○年八月末，船队出发了。在圣克鲁斯修理了船只后，十月十八日他们终于登上了南航之旅。他们到达海峡入口的维基尼角是在三天后的二十一日。

这个海峡是峡湾式的，两岸都是悬崖绝壁，长六百公里，东部、中部、西部的形状各不相同。东部，通过狭长的海峡后，里面是开阔得像湖一样的海湾，接着又是一段狭长的海峡，后面连着开阔的海湾。海岸线上基本没有湾澳，地质为新生代，高度差不多的山脊连绵不断，没有树木。从中部往西则主要为花岗岩与绿岩，山都在千米以上，有的超过了两千米，岸上湾澳渐多。西部则是狭窄的海峡。中部和西部树木繁茂。

麦哲伦在海峡的入口处派圣安东尼奥号和概念号出去侦察。其中的一艘报告说只是一个海湾，另一艘则报告说，狭窄的通道后面是开阔的海湾，再进去又是狭窄的通道，然后是开阔的海湾，都很深，不能投锚，应该是海峡。这是第三天的事情。麦哲伦觉察到了事情的重要性，马上招来船长和领航员召开了一个会议。食粮只够支撑三个月，当时圣安东尼奥号的领航员埃斯特万·戈麦斯主张返航，称：既然已经发现海峡了，那么回一趟西班牙，准备齐全以后，再执行环球航行的计划更好。麦哲伦则强硬地表示：已经翻过了山顶，没有道理再往回走，而且也必须遵守和国王的约定。他下令准备次日出发。

行进在海峡中时，在大陆的南端附近，他再次派出两艘船出去侦察，剩下的两艘负责捕鱼补充食粮。戈麦斯所驾驶的圣安东尼奥号满帆驶向一条东南向伸入陆地的水路，概念号以为他们是去探险，就在同一条水路上巡航并等待圣安东尼奥号归来，但结果一直没等到。戈麦斯囚禁了忠于麦哲伦的船长，直接驶向了西班牙。途中还去接了此前因反叛而被丢下的船长，回到了祖国。概念号船进入西北向的海峡进行探险，三天后传来消息说已经到了西边的出口。听到这个消息后麦哲伦大为欢喜，但还是为圣安东尼奥号的失踪而忧心忡忡。他派了维多利亚号前去搜索，结果当然是不知所踪。

十一月二十一日，麦哲伦在剩下的几艘船之间发了传阅文件，就归航还是前进的问题征询了意见。天文学家马丁的意见比较悲观，但是没有反对前进。次日麦哲伦下令前进。他们白天航行，晚上停泊，只派一艘船作为先锋前去探路。这艘船在第五天发来通知表示已到出口。就这样，十一月二十八日，麦哲伦的船队在海峡航行三个星期后进入了太平洋。除去集合船队所用的时间，实际使用了十二天。

麦哲伦出了海峡以后向北航行，一直驶到南纬47度，还是能见到巴塔哥尼亚的群山。再往北航行到37度，航路转向西北方向，准备横渡太平洋。他们从波莫土群岛[1]和马克萨斯群岛之间通过，在连个岛影都没有的大洋上航行了整整四十天，期间一直是顺风，

---

[1]　今土阿莫土群岛。——译者注

太平洋（mar pacifico）这个名字就是这个时候取的。一五二一年一月二十四日在南纬十六度十五分的地方第一次遇到了无人岛，又航行了十一天后，在二月四日于十度四十分的地方再次发现了无人岛，在那儿停泊了两日用来捕鱼，因为粮食的缺乏极为严重，据皮加费塔记载，在三个月二十天中，他们没有新鲜的食粮，甚至吃了皮革和老鼠。"如果不是上帝和圣母赐予我们以好天气，我们已全都饿死了吧。"

一五二一年二月十三日，他们在西经一百七十五度一带越过赤道后向西北航行，据说十一天后到达了北纬十二度。他们穿过了吉尔伯特群岛与马绍尔群岛之间的海域，然后向西航行，三月六日到达马里亚纳（莱德隆）群岛。明知目的地——摩鹿加群岛在赤道以南，他们却往北走了迂回的路线，这是为了避开葡萄牙船找到休养和船只修理的地方。他们先发现了关岛和圣罗莎岛，这些岛的周围群集着一种帆船，它们非常轻快，不管是向前还是向后都能像离弦之箭一样快速航行。它们频繁地靠近西班牙船并偷走船上的东西，因此西班牙人把岛命名为"偷盗"（ladrón）。他们在这儿停泊了三天，在此期间，他们因为土著人的偷盗行为大发雷霆，烧了一座村庄，杀了七个人。这是麦哲伦最接近日本的时期，与此同时，在墨西哥，科尔特斯发动最后总攻的准备工作已差不多完成。

从这儿西航，他们到达了圣拉萨罗群岛（即菲律宾群岛），先登上萨马岛南边的苏卢安岛以补充淡水，让病人得到休养。他们与土著人相处得很融洽。当地的酋长来拜访过他们，当时酋长头上缠着丝绸，身上穿着莎笼，那是一种金丝纹绣的马来人传统服装。他们从那儿出发往西南方向航行，顺路去了棉兰老岛和莱特岛之间的小岛利马萨瓦岛做弥撒。这个岛上的拉贾[1]将西班牙人带到了西北方向的宿务岛。宿务岛的商人与葡萄牙人之间已有生意往来，宿务岛的酋长给予西班牙人以优厚的待遇，据说八天后他和几百名岛民一起接受了洗礼。来到这儿的阿拉伯商人以卡利卡特和马六甲被占领之事提醒并劝说酋长，但是最后还是麦哲伦取得了胜利。这位宿务岛的酋长有志于征服周边的诸岛，但东边的麦克坦岛一直没有臣服。听闻此事后，麦哲伦觉得这是一个展示自己武器优越性从而使土著人心悦诚服的好机会，故策划了麦克坦岛的进攻计划。宿务岛酋长欲派兵参战，但被他拒绝了，他只带了五六十个西班牙士兵，分坐三艘船就出发了。上岛以后，他意外地发现敌人占据了优势。他们用盾牌挡住了西班牙士兵的枪击，并反守为攻与西班牙人展开肉搏战。箭矢与石块如雨般飞来，麦哲伦也中了毒箭，他虽然下了撤退的命令，但是己方人员早已溃败作鸟兽散，只有七八个勇敢的部下还保护着他。敌人的攻击都冲着他这个司令官而来，他勇敢地战斗到了最后，终于被砍倒。与他一起的八名西班牙人和四名受洗的土著人也都战死在那个地方，直到最后也没能夺回麦哲伦的尸体。时间是一五二一

---

[1] 拉贾，为南亚、东南亚对于国王或土邦君主、酋长的称呼。—— 审校注

年四月末，麦哲伦四十一岁的时候。同一天，在墨西哥，科尔特斯的湖上舰队建成下水了。

与他从欧洲往西航行最后到达亚洲的这一伟大业绩相比，他最后的失策之举实在让人扼腕。看到他们失败后，宿务岛上的土著人对他们的态度也是为之大变。外来人的优越性已不复存在，土著人谋划在宴会上把这些显眼的西班牙人斩尽杀绝。这次鸿门宴一共有二十四人遇害，其中有从开始就追随麦哲伦的得力助手杜阿尔特·巴尔博萨，有同样为麦哲伦心腹的胡安·塞拉诺，有天文学家圣·马丁等人。幸免于难的只有因负伤没去赴宴的皮加费塔和因疑惧而没有赴宴的洛佩斯·德·卡瓦略等人。卡瓦略一接到凶报，立刻起锚应对陆上的攻击，他甚至没对对方提出的"交涉被活捉的塞拉诺的赎金"一事做出回应。

虽然逃出了宿务岛，但乘员已严重不足。他们将三艘船中破损最严重的概念号在薄荷岛焚毁，剩下的特立尼达号由卡瓦略指挥，维多利亚号由贡萨罗·巴斯·德·埃斯皮诺萨指挥，经南棉兰老岛的卡加延，再绕道往西北经巴拉望岛，由阿拉伯人引路去了南方婆罗洲的文莱。然后从那儿返航，于一五二一年的十一月八日到达摩鹿加群岛的蒂多雷岛，从塞维利亚出发至此已过了两年三个月。

蒂多雷岛的拉贾盛情款待了西班牙人，并与他们签订了条件优厚的通商条约，因为西班牙人买香料出价比葡萄牙人高。西班牙人向葡萄牙人在特尔纳特岛所设的据点提出申请，希望能安排一次友好的会见。葡萄牙人开始想拒绝，但后来还是答应前来一见。葡方来的是十年前坐第一艘船来到这儿的商馆长阿方索·德·洛罗萨。他谈到了葡萄牙国王曾下令拦阻麦哲伦的远征队，印度总督塞凯拉为了击退麦哲伦曾计划派六艘军舰到摩鹿加群岛，但因对土耳其作战而中止，等等。洛罗萨本人很想搭西班牙人的便船回到祖国，奈何国家之间的激烈对立却是愈演愈烈。

西班牙船在十二月中旬装完货，本来预定十六日出发，但是旗舰特立尼达号突然开始漏水，一时无法修复，因此二十一日只有维多利亚号踏上了归途。船长是塞巴斯蒂安·德尔卡诺，乘员有白人四十七名，印度人十三名。他们经过布鲁岛、帝汶岛后直接进入印度洋，一五二二年三月中旬到达印度洋中间的阿姆斯特丹岛，五月上旬到达非洲南岸的鱼河，同月，在狂风暴雨中绕过好望角，在食粮匮乏的情况下，总算于七月九日到达了佛得角，期间有二十一人死亡。迫于饥饿，途中他们还冒着被葡萄牙警察抓住的危险在圣地亚哥岛登了陆，结果当时最令他们震惊的是，船上的日期比外面的世界晚了一天。关于这件事，皮加费塔特别记载道，自己每天写日记，不应该会记错日期。而且他们以为还是星期三的日子，在岛上已经是星期四，这一不可思议的现象在后来终于真相大白，因为他们从东向西绕着地球环游了一周，所以这段时间就少了一天。

在这个岛上，他们的身份不久就被人识破了。他们坐着小艇第三次上陆时，十三名乘员突然被抓，德尔卡诺急忙起锚逃走。

九月六日他们抵达本国，生还者只有十八名。但是这次环球航行带给世界的影响却是非比寻常的。皮加费塔将他写的整个航海日志交给了国王，这使得麦哲伦的伟业为世界所知。就这样，第一次环球航行，是一个葡萄牙人完成了西班牙政府的任务，并由一个意大利人记录了下来。这可以说是一个综合了近代早期欧洲多项先进技术的成就。

麦哲伦的功绩使太平洋成为西班牙人活动的舞台。其第一步是在上文所述的第一次环球航行中踏出的。麦哲伦所乘坐的特立尼达号是其执行者。

被留在香料之岛蒂多雷岛的特立尼达号终于完成修理，于一五二二年四月六日起锚出发。船长德·埃斯皮诺萨没有追随维多利亚号，而是计划横穿太平洋归航。乘员有五十名欧洲人和两名土著领航员。他们先从蒂多雷岛往北，然后转向东北方向。因风向不佳，他们偏离了航路，行驶至北纬四十二度。在接下来的几个月中，船被风吹得四处漂流，船上饥寒交迫，不断有人病死，终于在连刮五天的暴风将船首的上甲板和主樯吹走后，不得不返回摩鹿加群岛。回来后发现，葡萄牙人已经在特尔纳特岛上建起了要塞。因蒂多雷离要塞太近，故他们选择去哈马黑拉岛岸边避难，从那儿向葡萄牙司令官请求救援。十月，生存下来的十七名西班牙人被转移到特尔纳特岛囚禁了四个月，然后在班达群岛被扣留了四个月，在马六甲被扣留了五个月，在科钦则被扣留了一年。在此期间，不断有人死去，最后到达里斯本的时候，仅剩下了三人。在里斯本又被囚禁了七个月才被释放。就这样，跟随麦哲伦的二百三十九名队员中最后回国的仅有二十一人。

如上所述，在太平洋上活动的第一步失败了，但是麦哲伦的功绩，使得西班牙国内对太平洋的兴趣急剧高涨。政治家们的视野得到了开拓：去香料之岛的途径现在有向东和向西两条航线，而且都能到达那儿，那么香料之岛应该是属于西班牙和葡萄牙哪边的领地呢？如果向西航行能找到近道，那岂不是比向东走距离更短？出于这样的考虑，卡尔五世在德尔卡诺归国后的一年之内，听从宇宙地理学学者们的建议，让墨西哥的征服者在美洲中部继续努力寻找通往太平洋的通道。在国内他开始无条件许可商人或企业家前往摩鹿加，与此同时，他与葡萄牙就香料之岛的归属问题进行了谈判。两国参加谈判的委员都是律师三人、天文学家三人、领航员三人，从一五二四年的四月到五月底，在边境线附近的巴达霍斯和埃尔瓦什进行了谈判。当时，国境线的位置尚未确定，半球的长度也未定，自然不可能谈判出个结果，那么就只剩下靠实力来占据香料之岛这一条途径了。于是西班牙政府决定向太平洋派出强大的舰队。

这支舰队由七艘船组成，乘员有四百五十名。司令官是加西亚·霍夫雷·德·洛艾萨，前文中提到的德尔卡诺担任首席领航员。他们出发的时间是在一五二五年七月末，当时皮萨罗已经开始了他的第一次秘鲁探险。但是这次远征很不走运，在到达麦哲伦海峡前已是厄运连连。一五二六年一月德尔卡诺的船失事，二月船队被暴风吹散，其中的一艘想绕过好望角却失踪了，一艘载着巴西的木材回了国。还有，德·奥塞斯的船漂到了南纬五十五度，机缘巧合地发现了南美洲的最南端。但当时他没有利用这一发现成果，而只是往北航行回到了洛艾萨的队伍中。

洛艾萨率领四艘船进入海峡是在一五二六年四月六日，进入太平洋是在五月二十五日，六月一日他们再次遭遇暴风，四艘船又被吹散。其中最小的一艘只有五十吨，船上的粮食不能支撑他们独自横穿太平洋，于是为了去最近的西班牙殖民地而北上，他们在一五二六年七月末到达了特万特佩克，这使他们发现了南美大陆西部的界限。另外，此前发现了美洲南端的德·奥塞斯的船在波莫土群岛失事，另一艘船也在快到达目的地时，在棉兰老岛和摩鹿加群岛之间的桑吉尔岛失事。就这样，七艘船中，到达摩鹿加群岛的只有一艘旗舰，而且它也并非平安无事。司令官洛艾萨因为部下船的损失而深受打击，于一五二六年七月末逝于太平洋上，接着他的后任德尔卡诺也在八月四日去世，之后选举出的船长将大家平安带到了马里亚纳群岛，在此休养了十一天后再次出发，但不久于九月十三日去世。巴斯克人马丁·伊里吉兹·德·卡尔基萨诺成为第四任船长。他带领船只去了菲律宾群岛、塔劳群岛、哈马黑拉岛，到达这个岛上的萨马霍港口时，一百零五名船员中，已有四十人死亡。一五二七年元旦，这艘船经历千辛万苦，终于到达了蒂多雷岛。出于对葡萄牙人高压统治的反感，岛上的人们盛情款待了他们。他们开始在岛上构筑要塞。但是他们的船已经没有远航归国的条件了，不久，伊里吉兹死去，费尔南多·德·拉·托雷被选为船长，他指挥剩下的士兵坚持到了后援到来的那一刻。

如上所述，从本国派来的舰队，成绩远远不如最早的麦哲伦远征。由此可见，一次性穿越大西洋与太平洋是何等的艰难。那么自然人们会想到将美洲作为横穿太平洋的基地。最早开始实行这个计划的不是别人，正是墨西哥的征服者科尔特斯。

科尔特斯以阿尔瓦罗·德·萨韦德拉为司令官，让他率领三艘船、一百一十名船员于一五二七年末出发，目的是建立香料之岛与墨西哥之间的联系。虽然途中损失了两艘船，但两个月后他们来到了马里亚纳群岛。与洛艾萨的船花了十三个月从本国到这儿比起来可以说是大相径庭。之后萨韦德拉的船还在菲律宾群岛接上了麦哲伦与洛艾萨远征队的残留队员，于一五二八年三月末到达蒂多雷岛，在那儿，前文提到的费尔南多·德·拉·托雷已经辛苦坚持了一年以上。但是萨韦德拉的船队也只剩下三十人，不能发挥多大救援能力，所以他决定先回到墨西哥请求支援。

之前麦哲伦的旗舰特立尼达号曾经尝试过从西往东横穿太平洋的计划，但以失败告终，现在萨韦德拉决定再次挑战。他于一五二八年六月初出发，经由新几内亚北岸，驶过加罗林群岛，却因为逆风而无法从马里亚纳群岛往前行驶一步。无奈只能于十月暂时回到蒂多雷。第二年的一五二九年三月，他计划再次出航，到了马绍尔群岛，从那儿往东北方向航行到北纬二十七度时，萨韦德拉去世，船继续前行至三十度时，被逆风吹回，结果这一年秋末他们回到了哈马黑拉岛，被葡萄牙人逮捕并被带到了马六甲。

在本国，卡尔五世在这一年四月收到了35万达卡特后，放弃了对香料之岛提出要求的权利，而葡方也承诺对从太平洋漂流到葡方领土内的船只不持敌视态度。这一解决方式使尚在蒂多雷顽强坚持的德·拉·托雷及其十五名部下于一五三四年得以被送返本国，途中减员一半，剩下的人于一五三六年回到本国，这些人中有德·拉·托雷以及写了香料之岛报告书而成名的领航员安德烈亚斯·德·乌达内塔。

但是，将太平洋当做从美洲到亚洲通道的活动并没有因为这一妥协而止步，反而可以说，科尔特斯发动的这一新的运动方兴未艾。科尔特斯第二次派遣的是以埃尔南德·格里哈尔瓦为队长的由两艘船组成的探险队。这是一五三六年应皮萨罗的请求派到秘鲁去支援他的，科尔特斯命令他们在完成秘鲁的任务后，从南美的西岸出发航海前往亚洲。格里哈尔瓦在赤道附近向西航行，一路上却连一座岛的影子也没见到，他开始考虑返回墨西哥，但是因为逆风而无法掉头。所以就这样乘风而行，到了新几内亚附近后，在美拉尼西亚人的岛屿处失事，有数名生存者后来为葡萄牙人所救，关于这次航海的消息才为人所知。

上文提到的科尔特斯的尝试在数年后发展成为大规模的探险队活动。一五四二年十一月，墨西哥副王安东尼奥·德·门东萨派了由六艘舰船组成的船队向西出发，队长是鲁依·洛佩斯·德·维拉洛博斯。他几乎是向正西方航行，穿过马绍尔群岛，冲进了中部加罗林群岛。一五四三年一月末，船队穿过帕劳群岛到了菲律宾。这次穿越太平洋也是两个多月的时间内完成的。

维拉洛博斯于二月二日在棉兰老岛登陆，逗留了一个月左右，他计划在岛上建立殖民地，但因气候恶劣并遭遇土著人的抵抗而没能成功。他们为了获得食粮而在棉兰老岛和西里伯斯[1]之间的小岛转悠，但在这儿也不断遭到土著人的抵抗，终于在数月后为了获得食粮不得不派小船前往加罗林群岛。

与此同时，维拉洛博斯也派贝尔纳多·德·拉·托雷指挥圣胡安号出发前往墨西哥报告情况。在报告中，他以西班牙皇太子之名将这些群岛命名为菲律宾，这是菲律宾群岛名字的由来。当时德·拉·托雷的太平洋归航并没有成功。他于八月末从萨马岛出发，往东北向航行，于北纬二十五度的地方发现了硫磺岛后，继续往北航行到三十度左右，因为缺水而不得不返回菲律宾。

在此期间维拉洛博斯因其占领菲律宾的行为受到葡方的抗议，为了解释，他去了摩鹿加群岛。食粮的短缺与乘员的死亡使他已无心与葡萄牙人对抗，只把希望放在了从墨西哥来的救援上。这时圣胡安号已返航。但维拉洛博斯还是没有放弃，于一五四五年五月再度派出了以德·雷特斯为船长的圣胡安号。雷特斯绕道哈

---

[1] 苏拉威西岛旧称。——译者注

马黑拉岛，选择了东南方向的航路。他们沿着新几内亚的北岸时走时停，从六月到八月这两个月里一直在跟恶劣的天气战斗，其间常常为了木柴和淡水上岸，有时会遭到黑人的小船的袭击。新几内亚是雷特斯命名的。最后雷特斯来到了离新不列颠群岛只有一步之遥的地方，可他决定在这儿改变航路，向北行驶。不久船员中开始出现不满的情绪，他们不得不返航，于十月初回到蒂多雷。

维拉洛博斯连续两次经历失败，已对从太平洋彼岸送来的支援不抱任何希望了。只剩下率领全舰队向葡萄牙人投降这一条路了。正好新任葡萄牙总督采取很强硬的态度，维拉洛博斯以此为机投降了。在遣返途中，他于一五四六年四月殁于安波那岛，其他一百四十四名乘员于一五四八年回到欧洲。

虽然经历了上文所述的种种失败，建立菲律宾殖民地的计划却并没有被放弃。随着费利佩二世的即位，在因他而得名的菲律宾群岛上，西班牙人开始强力推行殖民统治，葡萄牙人的抗议被完全置之脑后。而葡萄牙人此时光是要维持其在摩鹿加群岛的势力就要花费大量精力了，他们无力在摩鹿加群岛以外扩张自己的势力范围。而且，西班牙人对菲律宾的殖民统治不确保能获得贸易上的暴利，他们是以向土著人传播基督的福音为目标的。因此西班牙人认为，他们就算把手伸到了那儿，也不会损害到葡萄牙的利益。

一五五九年，墨西哥副王路易斯·德·韦拉斯科接到了本国要求建设舰队的命令。这时政府寄以厚望的是乌达内塔的协助。乌达内塔是从本国派来的洛艾萨探险队最后的幸存者之一，非常熟悉南洋的情况，而且也是一个非常优秀的领航员。他一五五二年加入奥古斯丁教会的修教士团体，隐居在墨西哥的修道院中。接到了新探险团的招聘书后，乌达内塔欣然接受了，因为在这个隐居的修道士心里，想发现南洋尚未为人所知的大陆的念头还没熄灭。为了传道，他决定带着同一个宗教团体中的四个伙伴前去。就这样，经过数年的准备后，一五六四年十一月由四艘船组成的船队从墨西哥西岸驶入太平洋，司令官是米格尔·洛佩斯·德·莱加斯皮。

莱加斯皮接到的命令是让他沿着维拉洛博斯的航线以尽可能快的速度到达菲律宾。这个命令被忠实地执行了。不过，中途有一艘小船走失，却反而因此建立了意想不到的功业：在到了菲律宾群岛后，那艘船被暴风吹到了遥远的北方，它在北纬四十度以北往东横穿太平洋，回到了墨西哥。这虽为偶然，但是自最初特立尼达号的失败以来，历经科尔特斯所派遣的萨韦德拉、维拉洛博斯的手下德·拉·托雷、雷特斯等人的先后失败，至此终于找到了向东横穿太平洋的航线。

莱加斯皮于一五六五年二月三日抵达菲律宾。因为土著人对他们抱有敌意，他们的补给非常困难，到了薄荷岛才终于获得了食粮。接着，他们在四月末占领了宿务岛，因为宿务王已经在麦哲伦的面前宣誓效忠于西班牙国王。经过莱加斯皮的统治，宿务岛的居民归顺了他们。

之后发生了一件大事——乌达内塔的归航。前文提到的向东横穿太平洋是偶然中实现的，乌达内塔则是将之有计划地实现了。他的想法是这样的：热带圈内有信风一年不断由东向西吹，而如果去高纬度的地方，就会有像大西洋那样由西向东吹的风吧。于是他从菲律宾往东北方向航行到四十三度，经过四个月的航海，于一五六五年十月三十日顺利抵达阿卡普尔科。这一经过科学思考找到的航路，后来成为太平洋上的繁忙航线。至此，菲律宾与墨西哥之间的交通实现了，美洲与亚洲之间的通道也被打通了。乌达内塔将这次航海的报告提交本国政府后，又回到了修道院，后来于一五六八年去世。

如上文所述，航路开辟使菲律宾与墨西哥之间的联系变得简单，在菲律宾的莱加斯皮也由此于一五六七年八月得到了两艘船前来支援。他们有了对抗葡萄牙人的实力。摩鹿加群岛上的葡萄牙总督曾试图用军事力量将西班牙的殖民地拔除，却没有成功。但是宿务的殖民地离摩鹿加群岛太近了，时刻面临被偷袭的危险，因此莱加斯皮觉得，必须把菲律宾的殖民地迁到更远的地方。正当此时，从墨西哥来的援军再次抵达，莱加斯皮被任命为总督。莱加斯皮于一五七〇年进攻了吕宋岛，征服了马尼拉村，并在那儿建起了要塞。在菲律宾殖民地的基础形成后，一五七二年八月，莱加斯皮死于当地。

欧洲对西方的欲望，跨越了美洲，跨越了太平洋，终于到达了亚洲的海岸。

　　如上文所述，墨西哥成为了打通太平洋通道的根据地，而与此相对，秘鲁则成了南太平洋探险活动的根据地。

　　对尚未为人所知的南洋大陆动心的不只乌达内塔一人。欲从西往东横穿太平洋却失败了的雷特斯发现新几内亚北岸以来，人们对这一未知大陆的兴趣普遍高涨，甚至考虑这块陆地与麦哲伦海峡南侧的火地岛是否是连在一起的。找到南洋大陆的任务落在了秘鲁总督的肩上。

　　执行这一任务的先驱者胡安·费尔南德斯在智利圣地亚哥的西边发现了一座岛。这座岛被以发现者的名字命名。十八世纪时英国水手亚历山大·塞尔柯克漂流到了那个岛上，他的经历被丹尼尔·笛福写成了小说《鲁滨逊漂流记》。

　　一五六七年佩德罗·萨尔米恩托申请探寻南洋的大陆。秘鲁总督命令阿尔瓦罗·德·门达尼亚将军担任由两艘舰船组成的远征队的指挥官，而萨尔米恩托则作为旗舰的船长同行，首席领航员为埃尔南·加莱戈。同年十一月二十日远征队从利马的卡亚俄港出发，走西南方向的航路。但是航行了大约一百七十里格之后，将军好似失去了信心，置萨尔米恩托的一再抗议于不顾，转而往北航行。八天后北上到达南纬十四度时，萨尔米恩托再次要求船转向西南方向，然而这一意见还是没被采用。直到航行到南纬五度时，将军总算听从了萨尔米恩托的要求，转向西南偏西方向。就这样，在第二年的一五六八年一月十五日到达耶稣岛[1]后，他们继续在南纬六度往西航行，二月七日发现了所罗门群岛，并把发现的第一座岛命名为伊莎贝尔。这个岛上养着猪和鸡，也有好的木材，好像也不是没有黄金的样子，西班牙人心里将之夸大美化之后，就相信自己终于来到了传说中的所罗门王的俄斐，因此他们把群岛命名为所罗门群岛。他们开始以为这个地方是南洋大陆的一部分，但五月八日离岛之前的几天内，他们作了勘察后发现，这是一个岛屿。接着他们又发现了圣克里斯托瓦尔岛，在这儿，萨尔米恩托极力主张向南方航行，但将军拒绝了他的要求，九月四日经由北方航路踏上了归途。他们到达南加利福尼亚的圣地亚哥是在第二年一五六九年的一月末，回到秘鲁则是在三月。

虽然他们这次到达了所罗门群岛，但是南洋大陆之谜还是没有解开。而第二次探险却已经是三十年后了。当时发现了南太平洋上的许多小岛，但是只到圣克鲁斯群岛，没有到所罗门群岛。第三次探险更是在十年之后才成行的，当时不仅发现了新赫布里底群岛，与探险队走散的路易斯·瓦埃斯·德·托雷斯的船从新几内亚南边经过，还到达了摩鹿加群岛。当时托雷斯已史上首次到达了澳大利亚的北端，但他本人并不了解这件事所代表的意义。而他发现了托雷斯海峡这件事也是直到十八世纪中叶都一直沉睡在马尼拉的档案馆里无人知晓。因此托雷斯海峡这个名字也是很

---

[1] 现努伊环礁。——译者注

久以后才被命名的。

以上是十六世纪中叶太平洋的形势。南洋的大陆还没被发现，但是从南方的所罗门群岛到北方的马绍尔群岛、加罗林群岛、马里亚纳群岛以及西太平洋的诸多岛屿已经成为西班牙船勇敢探险的舞台。视野扩大运动终于实现了环球一周。从这点来看，视野扩大运动向东到达了摩鹿加群岛，向西则到达菲律宾群岛，在这儿形成交点意味着，这个世界史上十五世纪以来长达一个世纪的声势浩大的运动，至此暂时得到了一个结论。

这是一个新时代的开始。世界至此首次进入了同一个视野，虽然目前还只是一个轮廓，其内部还有很多未知的部分，但是已经形成一个环形，不得不说这是人类意义上形成统一世界的第一步。其间发现的各个不同民族、不同国家，它们之间没有任何的统一性，反而可以说它们之间更多的是敌对关系。但是这些国家、民族要形成一个组织，首先它们必须要进入同一个视野。四百年后的今天作为人类最大课题被提起的国际组织问题，在当时就已经出现了世界史上的第一个萌芽。当然，在那个时候，这个新芽——也就是同一个视野——谁也不知道会长成什么，而征服者们显示的态度甚至可以说是与合一相反的。但是人伦的合一不管是在哪个阶段都必须以"我"为媒介。进入了统一视野之中的世界想要成长为一个统一的人伦组织，必须经过无数次的否定，也必将经历无数次的否定。作为这条艰难道路起点的视界此时才刚开启。

　　出现在这个时代的尼古拉·哥白尼是这一新时代强有力的写照。他出生在航海家恩里克去世十三年后的一四七三年，他去世的时间是前文提到的墨西哥舰队向正西方横渡太平洋的一五四三年。他在克拉科夫大学学习后，去了意大利，在博洛尼亚和帕多瓦的大学一直从事研究工作直到三十二岁。他开始思考地动说是在回到德国成为海尔斯堡的主教之后，据说他只向关系较好的学者阐述了这个学说，阐述其原理的论文则以手抄的方式得以流传。而在学术界，这一学说渐渐引起人们的注意。一五三九年雷蒂库斯成为他的弟子，次年出现了一些与哥白尼力作有关的发表，而哥白尼本人也终于在友人与弟子们的一再请求下决定出版自己的著述。雷蒂库斯将他的原稿带至纽伦堡交付印刷。但是书籍尚未印好，他本人却离世了。也有人说，这对他反而不失为是一件幸福的事。因为雷蒂库斯辜负了他的信任，因为害怕周围人的非难在序言中擅自加了一段话，称地动说不过是一种假说。马丁·路德和梅兰希通对这一学说也很不满，罗马教会中也逐渐出现了反对的声浪，而一六一六年伽利略事件使哥白尼的书被列为禁书。地动说得到普遍的承认还需要很长时间。但是对哥白尼本人来说，地动说不是一个假说，而是已经得到证明的事实，它开启了对世界认识的一个全新的视野。它很难得到普遍的承认，因为这个新的视野归根结底是以精神视野——即按照数学合理性把握的视野——而不是以感觉视野为基础。当然这一基础中包括实际的经验，因此也是众多艰难辛苦的经验的积累，但是想要从这些感觉上的经验出发接近自然的真相，只能是通过合理的思考能力。使航海者们绕地球一周之伟业成为可能的力量，同样也使人们对太阳系的把握成为可能，这是不亚于新大陆发现的另一重大发现。

与这些发现同一时期，欧洲的精神世界里还发生着另一个极为重要的革命，也就是宗教改革。其影响以反宗教改革的形式，由耶稣会的沙勿略在墨西哥舰队横穿太平洋之前就被带到了果阿。而这位沙勿略，在菲律宾殖民成功之前，就已经来到了日本。